Pastoral da Acolhida

Guia de implantação, formação e atuação dos agentes

José Carlos Pereira

Pastoral da Acolhida

Guia de implantação, formação e atuação dos agentes

Dados Internacionais de Catalogação na Publicação (CIP)
(Câmara Brasileira do Livro, SP, Brasil)

Pereira, José Carlos
Pastoral da Acolhida : guia de implantação, formação e atuação dos agentes / José Carlos Pereira. — 3. ed. — São Paulo : Paulinas, 2013. — (Coleção discípulo missionário)

Bibliografia
ISBN 978-85-356-3646-8

1. Comunidades cristãs 2. Teologia pastoral I. Título. II. Série.

13-10743 CDD-253.7

Índices para catálogo sistemático:

1. Acolhida : Comunidades cristãs : Pastoral : Cristianismo 253.7
2. Pastoral da acolhida : Comunidades cristãs : Cristianismo 253.7

Citações bíblicas: *Bíblia Sagrada*. Tradução da CNBB. 2. ed. São Paulo, 2002.

3ª edição – 2013
5ª reimpressão – 2024

Direção-geral: *Flávia Reginatto*
Editores responsáveis: *Vera Ivanise Bombonatto e Antonio Francisco Lelo*
Copidesque: *Mônica Elaine G. S. da Costa*
Coordenação de revisão: *Marina Mendonça*
Revisão: *Jaci Dantas*
Direção de arte: *Irma Cipriani*
Gerente de produção: *Felício Calegaro Neto*
Projeto gráfico e editoração: *Manuel Rebelato Miramontes*

Cadastre-se e receba nossas informações
paulinas.com.br
Telemarketing e SAC: 0800-7010081

Paulinas

Rua Dona Inácia Uchoa, 62
04110-020 – São Paulo – SP (Brasil)
(11) 2125-3500
editora@paulinas.com.br

Sumário

Introdução 7
I – Organizar 11
1. O que é a Pastoral da Acolhida 13
2. Os destinatários da Pastoral da Acolhida 18
3. Como organizar na paróquia a Pastoral da Acolhida 34
II – Formar 39
1. As dimensões da Pastoral da Acolhida 39
2. A preparação dos agentes da Pastoral da Acolhida como discípulos e missionários 43
3. Métodos de avaliação da ação dos agentes da Pastoral da Acolhida 54
III – Realizar 65
1. Como atuar na Pastoral da Acolhida 65
2. Onde atuar na Pastoral da Acolhida. Seu campo de ação 77
3. Quando a Pastoral da Acolhida deve atuar 84

IV – Celebrar 97
1. Celebrar a ação da Pastoral da Acolhida 97
2. As confraternizações da Pastoral da Acolhida: momentos de celebração 102
3. Os retiros espirituais como momento de celebração e fortalecimento da Pastoral da Acolhida 105
Considerações finais 109
Referências bibliográficas 117

Introdução

As paróquias e comunidades eclesiais, atentas às novas questões e necessidades que surgem constantemente na Igreja, têm voltado sua preocupação para o tema do acolhimento. Muitas dioceses, regiões pastorais e paróquias vêm escolhendo a acolhida como uma de suas prioridades. Isso significa que o acolhimento é um desafio de nossa Igreja que precisa ser enfrentado. A Igreja do Brasil chamou a atenção para essa temática, afirmando que é preciso acolher com simpatia todo aquele que a procura, principalmente os jovens e as pessoas que querem o Batismo (cf. Doc. 71, n. 34). Por ser uma necessidade latente da Igreja, a acolhida ganhou *status* de Pastoral. Um trabalho que, antes, era feito pela Pastoral da Comunicação, agora é realizado por uma Pastoral que se dedica, exclusivamente, ao acolhimento: a Pastoral da Acolhida.

O objetivo deste livro é ajudar os párocos e outros agentes de Pastoral a implantá-la nas suas paróquias e comunidades. Para tanto, busca oferecer uma espécie de guia que contribui na formação de agentes e de equipes permanentes, que atuem em todas as frentes de trabalho da comunidade e nos seus espaços disponíveis, visando aprofundar a mística da acolhida e da solidariedade, fundamentadas na Sagrada Escritura, que diz: "Acolhei-vos uns aos outros, como Cristo vos acolheu, para a glória de Deus" (Rm 15,7).

A dinâmica deste guia da Pastoral da Acolhida contempla o método "ver, julgar e agir", acrescido do quarto passo: *celebrar.* Embora não façamos uso direto dos três termos supracitados, o método está bem visível no decorrer deste livro e na sua divisão, em quatro capítulos, a saber: organizar; formar; realizar e celebrar.

Seguindo esses passos, abordamos no primeiro capítulo a dimensão organizativa da Pastoral da Acolhida na paróquia, destacando, num primeiro momento, o que vem a ser essa Pastoral. Buscamos oferecer dicas que contribuam para sua implantação e manutenção, fazendo dela um valioso instrumento de gerenciamento da vida pastoral da paróquia.

No segundo capítulo tratamos de apontar o aspecto formativo, isto é, como preparar os agentes para atuar nessa Pastoral? Começamos por apontar as dimensões que envolvem a Pastoral da Acolhida, depois indicamos os meios para a formação dos agentes, inclusive do coordenador, e, por fim, apresentamos alguns métodos de avaliação da ação dos agentes. Tudo isso para que tais agentes estejam conformados como discípulos e missionários de Jesus Cristo.

No terceiro capítulo, com o título *realizar*, procuramos indicar como atuar na Pastoral da Acolhida. Aqui oferecemos dicas valiosas que podem ser bem aproveitadas por toda a equipe. Além disso, demonstramos onde atuar, isto é, o campo de ação dessa Pastoral. Muitos pensam que seu único espaço de ação é na recepção das missas, mas aqui mostramos o vasto campo que os agentes têm para atuar, desde que tenham iniciativa e um olhar mais amplo da conjuntura da paróquia e de tudo que a cerca.

O quarto e último capítulo trata da dimensão celebrativa da Pastoral da Acolhida. A missa é uma das mais importantes ocasiões de celebrar a ação dessa Pastoral, porém, não a única. As confraternizações, os mais variados tipos de festas e eventos são também ocasiões para se celebrar a vida e a atuação nessa Pastoral tão importante para a vida da Igreja. Apontamos também os retiros como momentos privilegiados de celebração da fé que move os agentes da Pastoral.

Façamos votos que este guia de implantação, formação e atuação dos agentes da Pastoral da Acolhida ajude as paróquias e comunidades a viverem o acolhimento como um verdadeiro ministério, lançando-se aos desafios de um mundo marcado pelo individualismo e pela indiferença para com o próximo.

I. Organizar

Quando falamos em organizar a Pastoral da Acolhida na comunidade, referimo-nos a arrumar algo que, de um modo ou de outro, já existe; porém, nem sempre isso ocorre de modo harmonioso. Portanto, organizar uma Pastoral que cuide estritamente da acolhida é prover de certa estrutura a recepção das pessoas que chegam à nossa igreja. Recepção não apenas no espaço sagrado onde acontecem as celebrações, mas em toda a conjuntura pastoral da paróquia, a começar pela acolhida no expediente paroquial, que, de certa forma, é o "cartão de visita" ou a porta de acesso da paróquia, passando pelas pastorais, movimentos e associações, até a acolhida na porta da igreja na hora das celebrações, porque é o modo de acolhida mais visível que se tem num espaço sagrado.

Organizar é também planejar, prover do necessário para a realização daquilo que se pretende na paróquia. Não é possível desenvolver um bom trabalho num determinado espaço se não formos bem acolhidos nele. O mesmo ocorre nas celebrações. Como podemos querer que nossas celebrações sejam momentos de encontro com Deus se esquecemos de nos acolher, mutuamente, como irmãos? Por isso, organizar é o oposto de improvisar. A paróquia que tem uma Pastoral da Acolhida bem estruturada, isto é, em ordem, mostra ser bem estruturada como um todo.

Desse modo, organizar a Pastoral da Acolhida na comunidade é fundamental para a vida da Igreja. Para isso, é preciso formar agentes que nela possam atuar com capacitação adequada, criando, assim, uma estrutura para que a mesma se desenvolva de modo natural, sem artificialismos. Enfim, organizar a Pastoral da Acolhida é juntar elementos materiais e humanos para que uma ação puramente bíblica, o ato de acolher, torne-se realidade no dia-a-dia de nossas comunidades eclesiais. Só assim a igreja será, verdadeiramente, um espaço de comunidade.

Podemos afirmar que uma paróquia, quando decide organizar, isto é, implantar a Pastoral da Acolhida em suas comunidades, está dando um passo fundamental no processo de evangelização, porque nenhuma ação evangelizadora é eficaz se não houver um acolhimento adequado.

1. O que é a Pastoral da Acolhida

A Pastoral da Acolhida pode ser definida de diversas formas, porém, para que ela corresponda ao que se propõe, ou seja, pastoral, ação de pastores, tais definições devem ter, necessariamente, fundamentações bíblicas. De antemão, lembramos que, sem o espírito evangélico, a acolhida na comunidade torna-se algo formal e mecânico, isento da dimensão fraterna, como ocorre na maioria das empresas, onde o objetivo é pautado por interesses econômicos.

Pastoral é a ação do pastor, do guia, do dirigente ou do agente que desenvolve, gratuitamente, um trabalho na Igreja. De origem agrária, o termo pastoral tem seus princípios relacionados ao pastoreio de ovelhas, algo comum na Palestina do tempo de Jesus e que, por isso, foi muito usado na Bíblia como figura de linguagem para comparar-se às ações das lideranças da época e à própria ação de Jesus e seus discípulos.

A Pastoral da Acolhida se faz, na Igreja, algo muito importante e necessário. Diria, até, fundamental, essencial e primordial. Seu campo de ação não pode ser ocupado por outras Pastorais, porque ela é a porta de acesso a todas as outras e, inclusive, à própria comunidade. Se não houver uma boa acolhida, todos os trabalhos, todas as ações e a comunidade em si estão fadados ao fracasso. Ninguém quer permanecer onde não é bem acolhido. Para que um trabalho dê frutos é preciso, primeiro, que seus agentes sintam-se acolhidos.

São inúmeras as passagens bíblicas que mostram a importância da acolhida. São Paulo, na Carta aos Romanos (15,7), recomenda: "acolhei-vos uns aos outros, como Cristo vos acolheu para a glória do Pai". Jesus escolheu e acolheu os apóstolos e discípulos para que seus propósitos se concretizassem (cf. Mt 10,1-8). Acolheu, sem discriminação ou preconceito, pessoas tidas como pecadoras, como, por exemplo, cobradores de impostos (Mt 9,9-13), prostitutas (Lc 7,36-50), leprosos (Lc 17,11-19; Mc 1,40-42) e outros tipos de doentes ou de pessoas consideradas impuras (Mc 6,55-56). O Documento de Aparecida (DA, nn. 353-357) explicita a ação de Jesus, destacando a acolhida como um serviço fundamental na Igreja. Mostra que a acolhida feita por Jesus é um gesto de amor e que só quem ama acolhe aqueles que são vítimas do desamor. A acolhida provoca transformações mútuas. Ao acolhermos, somos, simultaneamente, acolhidos e essa reciprocidade é transformadora, provocadora de situações que geram outros gestos de amor.

Mas, afinal, o que é a Pastoral da Acolhida? É a Pastoral que acolhe as pessoas na comunidade paroquial. Acolher significa oferecer refúgio, proteção ou conforto. É mostrar, com gestos e palavras, que a comunidade paroquial é o espaço onde se pode encontrar essa segurança. Demonstrar, na prática, como sugere Zygmunt Bauman,[1] que "a comunidade é um lugar 'cálido', um lugar confortável e aconchegante". Quando se é bem acolhido na comunidade, ela passa a representar, segundo Bauman, esse "teto sob o qual nos abrigamos da chuva pesada, como uma lareira diante da qual esquentamos as mãos num dia gelado".[2] Toda essa imagem figurada de segurança torna-se real na comunidade quando se é bem acolhido, porque acolher é também dar abrigo, amparar, dar ou receber hospitalidade, ter ou receber alguém junto de si. Assim sendo, a Pastoral da Acolhida vai muito além de recepcionar na porta da igreja. Ela envolve uma rede de relacionamentos que dá sustentação e perseverança nas ações desenvolvidas na comunidade. Por isso ela deve ser permanente, contínua e estar em todos os níveis e dimensões pastorais da paróquia.

Recepcionar bem na porta da igreja na hora da missa é muito importante e, talvez, seja o primeiro passo, mas a Pastoral da Acolhida não pode se limitar a essa ação. Já imaginou o que aconteceria se você desse uma bonita festa,

---

1 BAUMAN, Zygmunt. *Comunidade*; a busca por segurança no mundo atual. Rio de Janeiro: Jorge Zahar Editor, 2003. p. 7.

2 Ibid., p. 7.

acolhendo bem os convidados quando chegassem, mas, uma vez dentro dela, começasse a maltratá-los ou ignorá-los? Eles logo abandonariam a festa e nunca mais aceitariam seu convite. A mesma coisa ocorre na comunidade. Receber bem os que chegam para a celebração é de suma importância, mas, depois disso, vem a parte mais desafiadora da Pastoral da Acolhida: fazer com que essas pessoas, que simpaticamente recebemos, continuem sendo alvo da nossa atenção e simpatia. Isso nem sempre é fácil, porque a comunidade é também lugar de conflitos e contendas. Só o amor e o respeito humano a nossas diferenças e limitações são capazes de superar as fases mais desgastantes dos relacionamentos que ocorrem no dia-a-dia da comunidade paroquial.

Acolher é também receber o outro como ele é, admiti-lo no espaço que já estamos e permitir que se sinta à vontade. Se hoje estamos na comunidade desenvolvendo algum tipo de atividade, é porque um dia alguém também nos acolheu. Acolher é, portanto, aceitar, deixar que o outro venha fazer parte da nossa comunidade e não ver nele um concorrente, mas, sim, um colaborador, alguém que vem para somar. É também dar crédito àquele que chega, levar em consideração que, se procurou a comunidade ou essa ou aquela Pastoral, é porque quer colaborar, oferecer algo de si; então, nossa missão como cristãos é acolher da melhor forma possível.

A Pastoral da Acolhida é parte integrante do processo de evangelização da paróquia, porque ajuda a revelar, nos seus membros e nas ações por ela desenvolvidas, o rosto acolhedor de Jesus, cheio de misericórdia e compaixão. A acolhida como graça não espera nada em troca, simplesmente porque ama e quer que todos estejam unidos. Por isso, a Pastoral da Acolhida, antes de ser um trabalho, uma tarefa ou mais uma pastoral, é uma atitude evangélica que brota de um coração convertido pelo amor misericordioso do Pai; é uma ação concreta que ajuda as pessoas a se sentirem mais importantes, a se verem como filhos e filhas de Deus, que são amados e queridos por outros irmãos. A pessoa, quando chega à comunidade e é bem acolhida, tem vontade de permanecer e, se a acolhida foi verdadeira, ela permanece de fato. A boa acolhida é uma das qualidades mais importantes de nossas paróquias. Paróquia que atende bem terá sempre bons agentes de Pastoral e, com isso, cresce sempre mais.

Em suma, a Pastoral da Acolhida consiste, em primeiro lugar, em uma equipe que se dedica a receber bem as pessoas que chegam a nossa igreja para as celebrações. Em segundo lugar, em uma equipe que está atenta ao acolhimento dado no expediente paroquial àqueles que vêm em busca de alguma informação ou dos serviços da paróquia. Em terceiro lugar, em uma equipe sintonizada com as demais Pastorais, movimentos e associações, e que se preocupa com a recepção que é dada entre os seus membros e aos atendidos por eles. Finalmente, a Pastoral da Acolhida é aquela do tipo que deve estar permeada de todas as ações da paróquia, inclusive as ações do pároco. Embora o trabalho mais evidente da Pastoral da Acolhida seja recepcionar, afetuosamente, os que chegam para as celebrações, o seu desafio maior está em fazer com que a paróquia, como um todo, adote uma postura acolhedora. Veremos mais sobre isso, quando tratarmos do campo de ação da Pastoral da Acolhida.

2. Os destinatários da Pastoral da Acolhida

Diria, em primeiro lugar, que a Pastoral da Acolhida se destina a todos, indistintamente; porém, se tiver que priorizar alguém durante o exercício do ofício, que seja os mais necessitados, os mais esquecidos, os excluídos, como ensinou Jesus. Os agentes dessa Pastoral devem tratar a todos igualmente, sem distinção de pessoas, mas se houver alguém que necessite mais, é evangelicamente correto dar maior atenção a este. O que não se deve fazer é privilegiar o rico e ignorar o pobre. Esse tipo de tratamento desigual, beneficiando os mais "bem-vistos" na comunidade, faz com que a Pastoral da Acolhida perca sua função, passando a ser uma ação discriminatória e condenada por Deus, como vemos naquela passagem da carta de Tiago (2,2-4) que ilustra bem o comportamento inadequado dos cristãos, particularmente para um agente dessa Pastoral.

> Imaginai o seguinte: Na vossa reunião entram duas pessoas, uma com anel de ouro no dedo e bem vestida, e outra, pobre, com a roupa surrada. Ao que está bem vestido, dais atenção, dizendo-lhe: "Vem sentar-te aqui, à vontade". Mas ao pobre dizeis: "Fica aí, de pé", ou "Senta-te aqui no chão, aos meus pés". Não é isso um caso de discriminação entre vós? Será que não julgastes com critérios que não convêm? (Tg 2,2-4).

Os agentes sabem por que se deve optar pelos pobres ou excluídos? Tiago responde com outra pergunta: "Não escolheu Deus os pobres aos olhos do mundo para serem ricos na fé e herdeiros do Reino que prometeu aos que o amam?" (Tg 2,5). Quando desprezamos o pobre, estamos desprezando os preferidos de Deus; e se desprezamos os preferidos de Deus, a celebração que estamos realizando é vã e vazia de significados, isto é, não tem razão de ser.

Suponhamos que alguém que está atuando na Pastoral da Acolhida num dia de celebração, ao entrar uma pessoa de melhor poder aquisitivo, ou mais influente na comunidade, e outra pobre, anônima ou com alguma deficiência, dê à primeira um tratamento mais atencioso, enquanto ignora a segunda ou mesmo a trata com descaso. Não seria uma atitude incompatível com os ensinamentos cristãos? Não estaríamos incorrendo no erro que Tiago, usando as palavras de Jesus, nos alerta com tanta veemência? Numa situação como essa, se não puder tratar igualmente, prime pela atenção àquele que mais necessita. A medida para agir bem é esta: “Amarás o teu próximo como a ti mesmo” (Tg 2,8b; cf. Lc 10,27c). Agindo assim, diz Tiago, estaremos agindo bem. Sempre que você estiver atuando na Pastoral da Acolhida em sua comunidade, faça esta pergunta a si mesmo: “Eu ficarei feliz, vou me sentir bem, se for acolhido como estou acolhendo?”. Partindo desse princípio, a acolhida se torna algo natural, sincero e, sobretudo, com o amor que se deve ter ao receber quem chega.

Mas, além dos que vêm para a celebração, dos visitantes, dos pobres e excluídos, a quem mais se destina a Pastoral da Acolhida? Àqueles que chegam aos nossos grupos de Pastorais, Movimentos e Associações depois de nós. Não é preciso fazer parte dessa Pastoral para acolher bem, mas ela deve motivar uma boa acolhida em toda parte e ocasião. Quando a paróquia tem uma Pastoral da Acolhida bem estruturada, com visibilidade e expressão, suas ações estão presentes em todas as atividades da paróquia, até mesmo naquelas reuniões corriqueiras que acontecem com mais frequência e com as mesmas pessoas. A eficácia da reunião, do encontro ou de quaisquer ações depende muito de uma boa acolhida. Assim, acolher bem deve ser um exercício constante, mesmo que a atividade seja de rotina. Sempre há, em qualquer função, alguém que coordena. Cabe a essa pessoa fazer a acolhida dos demais da melhor maneira possível, principalmente se nessa reunião, encontro, ou o que quer que seja, tenha alguém vindo pela primeira vez.

Ao acolher bem, estamos dizendo àquela pessoa: você é muito importante no nosso meio; sua presença vem enriquecer nosso grupo; você tem muito valor... Acolher bem é valorizar quem chega, independentemente de quem seja, e, com isso, sentindo-se valorizado, vai se empenhar em ajudar, dando, assim, o melhor de si. Todos ganham com isso. Recordemos a acolhida que Jesus fez à mulher tida como pecadora e a transformação que essa boa ação fez em sua vida.

> Estás vendo esta mulher? Quando entrei na tua casa, não me ofereceste água para lavar os pés; ela, porém, lavou meus pés com lágrimas e os enxugou com seus cabelos. Não me beijaste; ela, porém, desde que cheguei, não parou de beijar meus pés. Não derramaste óleo na minha cabeça; ela, porém, ungiu meus pés com perfume. Por isso te digo: os muitos pecados que ela cometeu estão perdoados, pois ela mostrou muito amor (Lc 7,44-47).

Em um contraponto entre a boa e a má acolhida, Jesus vai pontuando as modificações que os gestos de acolher com amor provocam e a mesmice da acolhida com descaso ou desamor. Ao ser acolhida com amor, a mulher demonstrou muito amor e devolveu o gesto acolhendo Jesus da mesma forma. A boa acolhida provocou na vida da mulher uma mudança radical. Ela voltou e não pecou mais. A sua fé e o seu amor, demonstrados na acolhida, fizeram com que ela se livrasse do peso da exclusão e voltasse em paz para casa (cf. Lc 7,50). Se dependesse da acolhida do "certo fariseu", a mulher continuaria sendo a mesma pecadora de sempre e estaria, ainda, marginalizada, nada mudando nas relações entre eles.

Às vezes nós também agimos como o fariseu na acolhida em nossas Pastorais, Grupos ou Movimentos. Não recebemos as pessoas que, de alguma forma, são rotuladas. Agindo assim, perdemos a grande oportunidade de transformar situações que poderiam ser diferentes se déssemos abertura, chance, isto é, se acolhêssemos como Jesus pede que acolhamos. Às vezes, não acolhemos bem, não porque o outro é discriminado, mas porque vemos nele um concorrente, alguém que pode fazer melhor que nós e ofuscar nossa visibilidade na coordenação da Pastoral ou na comunidade. Quando nos comportamos dessa maneira, além de demonstrar que não entendemos nada do que seja uma comunidade eclesial, provocamos grandes perdas: perde a Pastoral, perde a comunidade, perde a paróquia, enfim, todos perdemos com isso.

Ainda sobre os destinatários da Pastoral da Acolhida, vale destacar os que buscam atendimento no expediente paroquial. Por lá passa todo tipo de católico, desde os mais engajados na comunidade até os transeuntes, pedintes, migrantes etc. Nem todos os agentes dessa Pastoral poderão estar presentes no expediente paroquial, porque esse é o espaço dos secretários, ou secretárias, e dos padres; porém, podem ajudar a tornar esse ambiente acolhedor. Além disso, os que atuam no expediente paroquial têm "obrigação" de fazer parte da Pastoral da Acolhida, porque o primeiro lugar em que a função de acolher se torna mais prática é na secretaria paroquial. Se isso não for possível, que pelo menos estejam em sintonia com essa Pastoral e procurem se atualizar no tema.

Vamos, agora, tratar dos que chegam a esse espaço de atendimento diário de nossas paróquias, que são as secretarias ou o expediente paroquial. Antes, porém, vale diferenciar um simples atendimento no balcão de uma acolhida.

Já vimos, anteriormente, o que significa *acolher*; agora vamos definir, brevemente, o que significa *atender*. Atender é dar atenção àqueles que chegam ao expediente paroquial e ouvir, atentamente, os motivos que os trazem ali, procurando responder com precisão. É estar disponível para ouvir, porque essa é a função primordial de quem trabalha nesse espaço. Receber cada um sem distinção, não importando o motivo da procura. Na medida do possível, procurar dar solução, responder as suas necessidades; se isso não for possível, orientar da melhor forma. Faz parte do bom atendimento e da acolhida não deixar que a pessoa saia sem resposta.

O atendimento é algo mais breve que um acolhimento propriamente dito, porque o acolhimento demanda mais tempo e dedicação. Podemos dizer que o atendimento é a primeira parte da acolhida. De uma forma ou de outra, o atendimento faz parte da acolhida. Ambos fazem parte do cotidiano daqueles que trabalham no expediente paroquial; cabe, portanto, saber fazer tais diferenciações, buscando ser delicado e atencioso em qualquer uma dessas situações. O mais importante é saber que todos os que por ali passam devem ser bem atendidos, indistintamente; porém, por se tratar de pessoas e situações distintas, justifica fazer certa diferença, no sentido de acolher melhor.

A seguir, apontaremos alguns tipos ou categorias de sujeitos da Pastoral da Acolhida mais comuns nos expedientes paroquiais.

Os agentes de Pastoral: aqueles que estão à frente de um ou mais trabalhos pastorais na paróquia. É quem desempenha uma função, seja de coordenação, seja de participação ativa nos trabalhos da Igreja, e, por diversos motivos, está quase sempre no expediente paroquial. Que tipo de acolhida dar a essas pessoas quando elas procuram esse local? Como para todos, oferecer-lhes uma acolhida educada, atenciosa, porém, informal. Elas já são "da casa" e o expediente paroquial é uma extensão do seu trabalho, por isso, comumente, dispensam-se formalidades. Mesmo sendo pessoas conhecidas e atuantes, procure responder com precisão e eficácia às suas necessidades.

Geralmente elas vêm em busca de materiais, informações ou para partilhar resultados de seus trabalhos. Se o motivo for prestação de contas das suas atividades, você vai necessitar de um tempo maior para atendê-las, mas isso não impede de ser ágil e eficiente, sem ser mecânico ou desatento; isso porque, na maioria das vezes, há outras pessoas esperando para ser atendidas.

Os católicos que apenas frequentam as missas: dependendo do tamanho e da localidade da paróquia, estes também estão, em geral, no expediente paroquial. Eles vêm, comumente, para marcar intenções de missas ou outros sacramentos. Como no primeiro caso, o atendimento tem que ser imediato e a acolhida se dá ao atender com precisão e carinho o seu pedido.

Os católicos de ocasiões especiais: procuram a igreja somente em ocasiões de batizados, casamentos, missas do sétimo dia ou outra situação esporádica. Buscam o expediente paroquial para obter informações sobre tais assuntos. Por se tratar de pessoas que pouco vão à igreja, o bom atendimento e uma acolhida atenciosa podem fazer toda a diferença na vida religiosa delas. Procure tratá-las com carinho e simpatia.

Nesses casos, a acolhida se dá quando o atendente sabe fazer de sua função uma oportunidade de evangelização, cativando para a comunidade. Se não forem bem atendidas, as chances de voltar são poucas. Além disso, vão contar em seu círculo de relacionamento que não foram bem acolhidas na igreja, e isso obstrui o trabalho da Pastoral da Acolhida.

Os visitantes: umas mais que outras, as igrejas são sempre um espaço visitado por pessoas que estão passando pela cidade ou pelo bairro. Quando o expediente paroquial está aberto, elas logo se dirigem para lá porque sabem que serão atendidas. Os motivos são diversos, porém, não raro, querem obter informação sobre horários de missa, confissão ou para comprar alguma recordação. Às vezes estes são apenas pretextos para se aproximarem e conhecerem melhor a igreja ou, simplesmente, para serem ouvidas fora da sua paróquia. Ser atendido numa outra paróquia, quando se está fora daquela a qual se pertence, oferece uma sensação de conforto longe do lar. Por isso, é muito importante receber bem essas pessoas e dispensar a elas bastante atenção. A imagem que vão levar de sua paróquia depende mais do atendimento que você oferece do que da beleza arquitetônica do templo. Acolher bem aqueles que não pertencem a nossa paróquia, ou mesmo a nossa religião, é um gesto de gratuidade e desinteresse, e isso deve ser uma prática constante na vida de quem atua na Pastoral da Acolhida ou que atende no expediente paroquial.

As autoridades: embora não seja algo comum, isto é, que ocorra com frequência, o expediente paroquial é local onde também chegam pessoas que, aqui, classificamos como "autoridades". Autoridade não no sentido de serem mais importantes que outras, mas de que buscam o espaço de atendimento da paróquia por questões profissionais, funcionais ou burocráticas. Dentre elas estão o bispo, outros padres, religiosos e religiosas, prefeitos ou representantes destes (no caso das paróquias do interior), pastores (como, por exemplo, por ocasiões da Semana de Oração pela da Unidade dos Cristãos ou de outros trabalhos ecumênicos que a paróquia possa desenvolver) etc. O profissionalismo na acolhida a essas pessoas é fundamental; porém, isso não significa que o atendimento seja puramente formal ou mecânico, mas é necessário demonstrar eficácia e responsabilidade pelas coisas de Deus. Para que isso ocorra, deve haver conciliação entre o agir profissional e o acolhimento fraterno, próprio do acolhimento dado pela Igreja (ou que pelo menos deveria dar) a seus fiéis. Tal atitude vai diferenciar a paróquia de uma empresa qualquer, sem perder sua eficácia e responsabilidade.

Os pedintes e andarilhos: são muito comuns na igreja e, de modo especial, no expediente paroquial. Buscam a igreja porque veem nela um local onde podem receber algum tipo de ajuda, seja de alimentos, remédio, bilhetes para viajar, coisas materiais e dinheiro. Tratá-los com dignidade é essencial e, sobretudo, evangélico; porém, é bom ter cautela e evitar atitudes ingênuas. Atenda-os com todo carinho e presteza e acolha suas necessidades, analisando-as com muita atenção para ver se não se trata de um pretexto para justificar determinada situação. Nunca ofereça dinheiro, por mais emocionante que possa parecer a história contada, mas procure, com afeto, encaminhá-los aos órgãos competentes, como, por exemplo, o Serviço Social do município ou outro departamento responsável. Se a paróquia tiver algum trabalho na área demandada, procure contatar os responsáveis e encaminhá-los, como, por exemplo, a Pastoral da Saúde ou outra, ou serviço na dimensão social oferecido pela paróquia. Alimentos prontos, para consumo imediato, podem ser oferecidos, desde que não se torne algo frequente, isto é, a mesma pessoa voltar sempre. Se isso ocorrer, busque resolver de modo eficaz, como, por exemplo, encaminhar o caso a uma equipe que possa encontrar soluções menos paternalistas. Enfim, não os ignore.

Os com problemas mentais e psicológicos: há um outro público bastante conhecido de quem atua na igreja e no expediente paroquial. São as pessoas com algum tipo de deficiência mental ou os que sofrem de distúrbios psicológicos. São casos distintos, mas que demandam atenção similar. Essas pessoas procuram a igreja e seus espaços de atendimento em busca de ajuda, e cabe aos atendentes tratá-las com muito carinho e atenção; porém, com a devida delicadeza para não menosprezá-las e, ao mesmo tempo, não permitir que interfiram na rotina do trabalho paroquial. Nessas ocasiões, também é necessário fazer os devidos encaminhamentos, como, por exemplo, para psicólogos e psiquiatras, além do atendimento dado pelo padre. É importante envolver a família nesse processo. Como no caso anterior, não os ignore. Lembre-se do conselho de Jesus: “todas as vezes que fizestes isso a um destes mais pequenos, que são meus irmãos, foi a mim que o fizestes!” (Mt 25,40).

Ao telefone: boa parte dos atendimentos do expediente paroquial é feito por telefone e nem sempre o atendente conhece as orientações básicas de se fazer uma boa acolhida. Cabe, nesse caso, procurar conhecer regras que estão à disposição no comércio através de livros, apostilas, cursos etc. Colocamos, aqui, de forma breve, algumas noções essenciais: 1) Procure responder à chamada no primeiro toque e não atender com o tradicional "alô", ou "quem?", ou "oi", ou expressões parecidas. Diga primeiro o nome da paróquia, depois seu nome, seguido da expressão "bom dia" ou "boa tarde". Ex.: "Paróquia São José, Maria, bom dia". A pessoa do outro lado terá, de imediato, a confirmação do local para onde ligou, com quem ela está falando e poderá, assim, dizer, prontamente, o que deseja. Essa forma, além de agilizar o atendimento, é polida e recomendável numa acolhida ao telefone. 2) Como você, atendente do expediente paroquial, está no trabalho, tente não se estender em conversas desnecessárias. Se perceber que o assunto está fugindo do profissionalismo, peça, gentilmente, para que a pessoa passe por lá para conversar mais detalhadamente sobre o assunto. Se for algo banal, desnecessário, ela, com certeza, não passará. 3) Evite também o "gerundismo", como, "vou estar providenciando", "vou estar transferindo", "vou tentar estar fazendo" etc. 4) Faz parte da boa acolhida a demonstração de simpatia e serenidade. Nada mais desagradável que encontrar do outro lado da linha um atendente mal-humorado, desatento ou que demonstre pouco interesse em nos ouvir. Aqui vale aquela velha regra comparativa de se perguntar: "Quando faço uma chamada telefônica, gostaria de ser atendido como eu atendo as pessoas ao telefone?". Lembre-se do conselho evangélico: "Amarás [...] o teu próximo como a ti mesmo" (Lc 10,27c) ou, ainda, "Tudo, portanto, quanto desejais que os outros vos façam, fazei-o, vós também, a eles" (Mt 7,12). Ou seja, atenda seu próximo como você gostaria de ser atendido; trate-o ao telefone como você gostaria de ser tratado.

MSN Messenger: é um meio de comunicação e de atendimento eficaz, bastante usado, hoje, nos expedientes paroquiais, permitindo que o secretário paroquial converse, *on-line* e em tempo real, com outras pessoas e partilhe informações, documentos, imagens etc., sem custos adicionais. Porém, é preciso ter bastante cautela na utilização desse instrumento de atendimento, porque o expediente paroquial, além de ser parte integrante da paróquia, é um ambiente de trabalho. Portanto, converse apenas o necessário e, mesmo em se tratando de pessoas conhecidas e amigas, use de todo profissionalismo possível. Nunca deixe de dar atenção a alguém que chega ao expediente paroquial só porque está atendendo outra pessoa pelo MSN. Nesse caso, a prioridade é sempre de quem está lá, pessoalmente. Quando isso ocorrer, peça para quem está conversando com você no MSN aguardar, e, depois, retoma-se o assunto ou fornece-se informação solicitada. O fato de os computadores do expediente paroquial estarem, permanentemente, conectados à internet não quer dizer que os atendentes da paróquia tenham somente essa função ou estejam ali em razão disso. O MSN é um recurso que deve ser usado para auxiliar o trabalho e nunca para obstruir ou desqualificar esse espaço de acolhida da paróquia. A mesma recomendação vale para os padres.

E-mail ou correio eletrônico: por ser uma forma rápida de comunicação, o *e-mail* ou correio eletrônico é um recurso muito utilizado em quase todas as repartições de trabalho, inclusive por quem atua no expediente paroquial. Esse sistema de comunicação é também uma opção de atendimento e acolhida porque, mesmo virtualmente, há um emissor e um receptor que estão, simultaneamente, interagindo. Embora seja um modo de comunicação indireta, não deixa de representar um atendimento e, assim, vale a regra do uso com responsabilidade e respeito. A pessoa que faz uso desse recurso no horário de trabalho deve fazê-lo de modo estritamente profissional, isto é, usar apenas para enviar e receber correspondências que estejam relacionadas com o serviço. Evite acessar o endereço pessoal. Se isso for necessário, faça-o rapidamente e em horários que não atrapalhem o atendimento ao público e os outros afazeres do ofício. Sempre que enviar uma mensagem por esse sistema, procure ser objetivo e não esqueça de colocar seu nome no final. Não deixe para responder depois uma mensagem recebida. Assim que ler e tiver a resposta ao que foi solicitado, envie um retorno.

Se, por razões burocráticas, a providência do pedido demandar mais tempo, comunique que o pedido está sendo providenciado. Não use o endereço eletrônico da paróquia para enviar mensagens do tipo "*slides* de autoajuda", "correntes", piadas ou arquivos pesados que nada têm a ver com o trabalho. Nesse caso, vale o bom senso. Ao enviar uma mensagem eletrônica, evite escrita abreviada, gírias ou erros gramaticais. Mesmo em se tratando de uma correspondência rápida, revise o texto antes de enviar. Não esqueça que a pessoa com a qual você está se comunicando é destinatária da sua receptividade e acolhida, portanto, seja uma pessoa educada e prestativa: responda à correspondência. Só não responda àquelas que não foram enviadas diretamente para a paróquia, como, por exemplo, propaganda de produtos e serviços, e outras que não merecem crédito. Se você não conhece o destinatário e, mesmo conhecendo, desconfia da mensagem, não abra arquivos anexos. Eles podem conter vírus ou outras "armadilhas" para captar senhas e números do seu computador. Portanto, tenha bastante cautela, sem deixar de demonstrar atenção e acolhimento.

Correspondência escrita: as correspondências escritas, do tipo carta, ofício, memorando, envio de documentos, convites etc., é também um modo de atendimento e acolhida próprio do expediente paroquial e deve ser executado da melhor maneira possível, sempre com rapidez e exatidão. É parte importante da boa acolhida de uma paróquia ser eficaz nesse tipo de comunicação. Para tanto, é preciso investir na formação dos atendentes para que saibam redigir corretamente os vários tipos de correspondências que o expediente paroquial demanda, além de agilizar o despacho delas. Use sempre papel com o timbre da paróquia, além de carimbo e assinatura do pároco ou de quem faz as vezes deste.

3. Como organizar na paróquia a Pastoral da Acolhida

Como todas as Pastorais, para funcionar adequadamente a Pastoral da Acolhida precisa ser organizada e oficializada, cumprindo um calendário de atividades e responsabilidades próprias de Pastorais tradicionais. Não basta ter um grupo de pessoas que, vez por outra, acolhe quem vem à missa, para afirmar que na paróquia há uma Pastoral da Acolhida. A fim de que seja implantada e funcione de modo eficaz, é preciso seguir alguns passos básicos. Vamos apontar, aqui, de modo breve, alguns desses passos iniciais e características a serem levadas em conta na hora de organizar a Pastoral da Acolhida na paróquia.

O coordenador: o coordenador ou a coordenadora é o elemento-chave. Toda Pastoral, para caminhar bem, depende de um bom coordenador. De nada adianta ter uma boa equipe, se aquele que está no comando é apático e sem iniciativa. Para que a Pastoral da Acolhida progrida, o primeiro passo é escolher alguém que tenha o perfil para coordená-la.

O perfil do coordenador: espírito de liderança, boa vontade e simpatia. Não se pode esquecer que essa pessoa representará o acolhimento da comunidade, e se for pouco simpática, introvertida ou mal-humorada, toda a equipe ficará com tal imagem e essa Pastoral estará fadada ao fracasso. É o animador da Pastoral e, portanto, deve ser atencioso, demonstrar simplicidade, espontaneidade, naturalidade e, sobretudo, espírito cristão; deve ser acessível, saber se relacionar com os demais e não ter participado de desavenças na comunidade nem guardar algum visível desafeto. Seria satisfatório que fosse alguém que já tivesse demonstrado, na prática, disponibilidade em acolher e servir, além de humildade e paciência. Não importa o título ou a função que ocupe na sociedade; o que é essencial na hora de coordenar uma Pastoral como essa é a capacidade de acolher e servir aos irmãos com humildade. A pessoa humilde sabe reconhecer quando erra, pede desculpas, pede licença, diz "muito obrigado"... Tudo isso de forma natural e sincera.

A escolha do coordenador: ao detectar que determinada pessoa tem o perfil para coordenar essa Pastoral, convide-a, diretamente. Mostre que tem as características necessárias para o trabalho e que não estará sozinha, mas contará com uma equipe e terá apoio do padre, do Conselho Paroquial de Pastoral (CPP) e da comunidade. Se for difícil fazer essa escolha sozinho, peça a ajuda do CPP.

A composição da equipe: não precisa ser, de início, um grupo muito grande. Isso até seria inconveniente, porque dificultaria a solidificação do trabalho. O ideal é que o grupo vá, aos poucos, aumentando em número de participantes. Tudo o que começa com muita euforia tende a enfraquecer rapidamente. A tarefa agora é ir "garimpando" pessoas que poderão atuar nessa Pastoral. Procure convidar aqueles que não estão muito sobrecarregados de atividades na paróquia. Dê oportunidade a quem não tem nenhuma função pastoral, mas que frequenta, assiduamente, as missas.

Para isso, coloque avisos durante as celebrações e nos murais da igreja, convidando todos que desejarem ser voluntários na Pastoral da Acolhida. Se necessário, durante algumas missas deve-se fazer breves explicações sobre a Pastoral: como e onde atuam seus agentes e a sua importância na comunidade. Pode-se ter certeza de que, em pouco tempo, haverá um grupo disposto a aderir. O ideal seria começar a Pastoral com um grupo de oito a dez pessoas.

Reunião com a equipe: depois de ter um coordenador e um grupo de pessoas dispostas a participar dessa Pastoral. Nessa reunião inicial é muito importante a presença do pároco ou de quem faz as vezes dele. Peça que o coordenador se encarregue de entrar em contato com todos, informando o dia e a hora do encontro. É essencial reunir-se, antecipadamente, com o coordenador para tratar da pauta. Assim, ele já vai se inteirando de como se deve organizar uma reunião da Pastoral e, nas próximas, já estará apto a preparar com sua equipe a pauta e coordenar com segurança.

Outros passos: a equipe deve procurar cumprir, com precisão e responsabilidade, o calendário de reuniões e de formação. É muito importante também que seja levado ao CPP o tema da implantação da nova Pastoral na paróquia. Quem coordena essa Pastoral deverá, como todo coordenador de Pastoral, participar, mensalmente, das reuniões do CPP.

Quanto mais atividades forem agregadas a essa Pastoral, mais seus membros vão se sentir responsáveis e esta, por sua vez, ganhará novos contornos. A partir de então, em toda atividade que acontecer na paróquia (encontros, eventos, festas etc.), a recepção e a acolhida devem estar a cargo dessa Pastoral. Assim, ela irá se fortalecendo e se estruturando. Uma sugestão, aparentemente insignificante, é a confecção de vestimentas próprias para os membros dessa Pastoral. Vale também inovar na maneira de acolher, já que isso faz com que a Pastoral fique mais dinâmica.

II. Formar

Formar significa dar-lhe forma, estrutura, e isso só se faz através da preparação adequada dos agentes que nela vão atuar. Significa desenvolver essa Pastoral, paulatinamente, em seus agentes, e isso não é algo que se consiga da noite para o dia, mas por meio de um investimento ininterrupto e constante. É acreditar que a formação se dá simultaneamente, enquanto se realizam suas atividades. O que vale mesmo é o empenho em se preparar enquanto se trabalha, conciliando teoria e prática, servindo e sendo servido, num processo contínuo de troca de dons.

1. As dimensões da Pastoral da Acolhida

Dimensão Pessoal: a acolhida deve levar em conta a individualidade, a maneira de cada um, respeitando as diferenças, propiciando que toda pessoa sinta-se livre e respeitada no seu modo de ser. Por mais que tenhamos metas comunitárias, de grupo, as particularidades precisam ser respeitadas. Não é possível fazer uma verdadeira acolhida e viver a proposta do Reino se não houver respeito às diferenças, as características individuais. Jesus, ao acolher seus discípulos, acolhe-os com suas diferenças, respeitando-os naquilo que tinham de divergente entre si. É isso que faz toda a diferença. Um dos elementos inovadores da proposta de Jesus, ao acolhê-los, é que ele não reproduziu a prática excludente de seu tempo, que formava grupos de iguais (puros e impuros, deste ou daquele movimento, com esta ou aquela ideologia etc.). A proposta do cristianismo nasce com um grupo de pessoas bem diferentes umas das outras: trabalhadores braçais, revolucionários, cobradores de impostos, pecadores etc. Portanto, a Pastoral da Acolhida, ao contemplar a dimensão pessoal, deve levar em conta tais particularidades.

Dimensão Comunitária: a Pastoral forma um grupo de pessoas distintas, porém, com metas em comum. Assim, a acolhida deve resgatar um sentimento efetivo de unidade e de fé, dentro e fora da Pastoral, na diversidade de modos de ser de cada um. Assim, é dever dos membros da Pastoral da Acolhida harmonizar a convivência cristã, não permitindo que ocorram discriminações e sem deixar perder a meta do grupo, o seu objetivo, enfim, aquilo que pretende para a comunidade. A Pastoral da Acolhida, ao contemplar a dimensão comunitária, detecta, entre outras coisas, se não está ocorrendo na comunidade paroquial apenas um agrupamento de pessoas que, apesar de bem-intencionadas, fazem seu trabalho voltadas somente para seus grupos (Pastorais ou Movimentos), sem se importar com o verdadeiro sentido da convivência e da partilha, com o verdadeiro sentido de comunidade que a paróquia deve ter.

Dimensão Social: a Pastoral da Acolhida deve levar em conta as situações e mudanças sociais que ocorrem a sua volta, como, por exemplo, os aspectos e variações socioeconômicas, culturais, as situações éticas, o pluralismo religioso etc. Todos esses acontecimentos estão em constantes transformações, e essa Pastoral deve estar atenta para entender tais desafios e suas consequências, como, por exemplo, a pobreza ou miséria, as drogas e a violência, o desemprego e o subemprego, os desajustes familiares, as variadas formas de sofrimento, exclusão e morte. Os seus agentes vivenciam o Espírito do Senhor Ressuscitado que se faz presente em todas essas realidades e buscam acolher a todos, aproximando-os da comunidade e mostrando-lhes que a comunidade eclesial é mais que um lugar de encontro de pessoas; é um lugar que possibilita o encontro com o Ressuscitado, que transforma nossas relações e nossa vida.

A Pastoral da Acolhida caminha em sintonia com quatro dimensões da ação evangelizadora (ou pistas de ação) da Igreja, pois essas dimensões estão implicadas em sua ação pastoral:

- *Serviço*: acolher a pessoa na comunidade, como ela é, garantindo condições para que permaneça. O serviço pressupõe, ainda, conhecimento dos problemas, anseios, frustrações, alegrias e tristezas dos que são acolhidos. Consiste na inserção social, em vista da libertação integral e da reconciliação daquela pessoa que se achega à comunidade.
- *Diálogo*: através da abertura e escuta do outro, sempre portador das "sementes do Verbo", fazer com que aquele que está sendo acolhido se sinta à vontade num espaço em que as pessoas o aceitam e o amam como filho de Deus.
- *Anúncio*: a partir da experiência individual, na forma do encontro fraterno e do testemunho, fazer com que toda pessoa descubra-se portadora da Boa-Notícia do Pai para seu próximo. Anúncio é, também, a explicitação do testemunho cristão, enquanto proclamação clara da Boa-Nova de Jesus Cristo.
- *Testemunho*: permitir que o grupo seja testemunho de comunhão.

2. A preparação dos agentes da Pastoral da Acolhida como discípulos e missionários

O agente dessa Pastoral é aquele que atua como o *fermento na massa*, como o *sal no alimento*, buscando produzir ou desencadear os efeitos desta ação na comunidade, que é o acolhimento fraterno e duradouro; um tipo de acolhimento que vai além de um simples ato formal, de normas técnicas da boa educação, mas que busca implantar uma *Cultura da Acolhida*, algo que se entranhe na vida da comunidade e do indivíduo, tendo como fundamento os princípios evangélicos. Assim sendo, não basta escolher pessoas de boa vontade e designá-las para atuar na Pastoral da Acolhida; é preciso antes e durante a atuação preparar essas pessoas, adequadamente, para que ajam de acordo com os propósitos da Pastoral.

Cursos de capacitação

Organize na paróquia um curso de capacitação de agentes para a Pastoral da Acolhida. Crie uma grade curricular, isto é, os temas e assuntos a serem abordados e procure assessores capacitados para trabalhar os temas. Algumas matérias não podem ficar de fora de um curso de capacitação para agentes da Pastoral da Acolhida:

Noções básicas de Antropologia: possibilitam um estudo sobre o ser humano, o que é ser uma pessoa em todas as suas dimensões. Ensina o respeito humano e a compreensão das diferenças culturais que cada um carrega e que, muitas vezes, determina sua maneira de ser e agir. Tendo essas noções, é mais fácil lidar com as diversidades e respeitá-las.

Noções básicas de Sociologia: ajuda a compreender como se formam ou se desintegram as associações humanas; estuda a influência dos agrupamentos sobre os indivíduos e as relações entre as pessoas.

Moral e ética: a moral trata dos bons costumes, boa conduta, segundo os preceitos socialmente estabelecidos pela sociedade e/ou por determinado grupo social, e, nesse caso, a Igreja, a paróquia, a comunidade. Conhecer um pouco de Teologia Moral também favorece o acolhimento das pessoas. A ética, numa estreita relação com a moral, trata da honestidade, do agir corretamente, ou seja, possibilita entender um conjunto de valores como a bondade, a virtude etc. A ética, como parte da Filosofia, é responsável pela investigação dos princípios que motivam, distorcem, disciplinam ou orientam o comportamento humano, refletindo especialmente a respeito das essências das normas, valores, prescrições e exortações presentes em qualquer realidade social, inclusive na Igreja.

Psicologia: estuda o comportamento humano, e aprender suas noções básicas é fundamental para quem vai atuar na Pastoral da Acolhida. Pode ser dado um enfoque maior à psicologia do acolhimento, através de técnicas e dinâmicas que ajudem nesse processo. Vale também abordar alguma coisa de psicologia social, uma vez que essa vertente trata de aspectos sociais da vida mental, em que suas descobertas sobre desenvolvimento, personalidade e motivação são aplicadas à interação social ou, mais precisamente, ao ambiente cultural do indivíduo do qual a Igreja é parte.

Cristologia: ramo da Teologia Bíblica que estuda a personalidade, a história e a doutrina de Cristo. Ao organizar o conteúdo a ser estudado, prime pelo enfoque no acolhimento feito por Jesus, que se encontra nas diversas passagens bíblicas, como, por exemplo: Mc 1,16-20; 1,29-31; 3,13-19; Lc 4,1-30; 15,11-32 e tantos outros.

Eclesiologia: estuda como a Igreja entende sua missão e presença no mundo, focando seu estudo em temas como Igreja "Corpo Místico de Cristo", Igreja "Povo de Deus", Comunidade em busca da perfeição, Igreja "Sacramento Universal da Salvação", "Arca da Aliança", "Esposa de Cristo", "Depósito da Fé" e tantas outras formas de abordagem da instituição à qual faz parte a paróquia na qual se está inserido. Algum conhecimento a esse respeito ajudará o agente da Pastoral da Acolhida a adquirir uma visão conjuntural da Igreja e da sua paróquia. Essa visão de conjunto faz da Pastoral da Acolhida uma das dimensões da própria eclesiologia.

Espiritualidade: não basta ser uma pessoa simpática e acolhedora, se o agente da Pastoral da Acolhida não tiver uma espiritualidade visível em seus atos e palavras, e não demonstrar ser uma pessoa de oração, que cumpre com os deveres religiosos, que não faz as coisas por obrigação ou mecanicamente, mas que mostra fervor naquilo que realiza. É alguém que deixa transparecer as coisas boas que traz no seu interior. O que é, então, espiritualidade? Leonardo Boff disse: "Uma vez fizeram esta pergunta ao Dalai-Lama e ele deu uma resposta extremamente simples: 'Espiritualidade é aquilo que produz no ser humano uma mudança interior'".[1] Desse modo, toda ação do agente da Pastoral da Acolhida deve refletir sua devoção, sua fé ou crença, e, sobretudo, as mudanças que estas provocam dentro dele. Sugerimos que haja uma matéria que trate, exclusivamente, da espiritualidade.

Liturgia: além de celebrar melhor e viver o mistério celebrado, o agente vai poder orientar bem os que chegam

---

[1] BOFF, Leonardo. *Espiritualidade*; um caminho de transformação. Rio de Janeiro: Sextante, 2001.

para participar da celebração. Saberá como se portar antes, durante e depois da celebração, sem atrapalhar os ritos litúrgicos. Enfim, a liturgia dará ao agente da Pastoral da Acolhida maior solidez na sua formação religiosa.

Boas maneiras: nem todos conhecem regras ou a etiqueta de como acolher bem e acabam até sendo grosseiros ou desleixados no nobre ato de recepcionar ou acolher os outros. Existem, no mercado, diversos livros e subsídios que oferecem algumas noções básicas para recepcionar bem. De preferência, procure um assessor ou assessora que tenha domínio desses procedimentos.

Retiros espirituais: além de um bom curso de capacitação, os retiros periódicos são importantes. Para que aconteçam, é preciso que, além de uma organização prévia, haja incentivo, motivação, compromisso por parte de todos em participar. Deve existir uma assessoria capacitada e, se possível, que seja de alguém de fora da paróquia, que despertará maior expectativa nos agentes do que alguém que a comunidade já conhece.

Reuniões periódicas: é também parte importante da preparação dos agentes organizar uma agenda com reuniões periódicas, das quais todos os membros que atuam na Pastoral da Acolhida possam participar. As reuniões poderão ser mensais ou bimestrais, dependendo da realidade de cada paróquia ou do número dos agentes. Se não for possível fazer uma reunião mensal com todos, que pelo menos a equipe de coordenação se reúna. Nessas reuniões seja avaliada a atuação da equipe; organizada as escalas dos agentes para atuar, durante o mês, nos diversos campos de ação supracitados; seja estudado algum documento ou texto que ajude a enriquecer o conhecimento dos participantes e outras atividades que a equipe de coordenação queira tratar. Colocamos, a seguir, um breve esquema que poderá favorecer a organização das reuniões mensais da Pastoral da Acolhida.

- *Convocação*: para que uma reunião tenha boa participação, além da programação antecipada, é preciso que o coordenador envie um comunicado ou convocação aos membros, uns dias antes da reunião. Essa convocação pode ser feita por telefone, carta, avisos durante a missa, *e-mail* (se todos tiverem), pessoalmente; enfim, o importante é que haja alguma forma de lembrá-los do compromisso.
- *Tempo:* não esqueça de calcular o tempo da reunião e o tempo para cada tema a ser tratado. É necessária a atenção de quem coordena para esse detalhe. Procure começar sempre na hora marcada, mesmo que ainda esteja faltando alguém. Aos poucos, as pessoas

que costumam se atrasar saberão que, com ou sem a presença delas, a reunião terá início. Isso ajuda a exercitar a responsabilidade. A mesma recomendação deve ser seguida para o término da reunião. Nunca ultrapasse o horário previsto. Se não houver tempo para tratar de todos os assuntos, deixe-os para a próxima reunião. A pontualidade é sinal de organização e responsabilidade, e estas são características indispensáveis para os membros da Pastoral da Acolhida.

- *Acolhida*: toda reunião deve iniciar-se com a acolhida dos seus membros. Por se tratar da Pastoral da Acolhida, que seja preparada, a cada reunião, uma acolhida especial, diferenciada e, assim, seus membros vão aprendendo, cada vez mais, na prática, como se acolhe e como se pode ser criativo ao acolher. Para ajudar, prepare algum tipo de dinâmica. A cada reunião, deixe uma ou duas pessoas responsáveis por preparar a acolhida da próxima.
- *Oração*: não precisa ser demorada, mas que seja profunda e, ao mesmo tempo, formativa. Reflita sobre algum texto bíblico que fale de acolhida.
- *Leitura da ata*: seguida da acolhida dos participantes e da oração inicial, que seja feita a leitura da ata da reunião anterior. A leitura é feita pela pessoa que tem

a função de secretariar a reunião, isto é, o secretário da Pastoral da Acolhida. Após a leitura, sejam feitas as devidas correções e observações, e só então seja aprovada e passada, definitivamente, para o livro de atas, com a assinatura da equipe de coordenação ou, se preferir, de todos os participantes da reunião.

- *Pauta da reunião*: depois desses passos, seja lida a pauta da reunião, que deve ter sido elaborada pela equipe de coordenação, antecipadamente. No final da colocação da pauta, dar oportunidade para outros participantes, que tenham algum comunicado, inscreverem-se para transmiti-lo no final, conforme pedem as normas da boa organização.
- *Como tratar os temas da pauta:* procure enumerar os assuntos ou temas da reunião, por ordem de importância, ou dar preferência àqueles que demandam mais tempo de discussão. Para facilitar o trabalho do secretário, procure seguir a ordem apresentada na pauta e coordene com objetividade e clareza. Caso se perceba que alguém está se estendendo demasiadamente ou fugindo do assunto, procure, com delicadeza, ajudar a resumir ou voltar ao tema.
- *Participação de todos:* dê espaço para as pessoas falarem durante a reunião e as ouça com atenção. Pro-

cure orientar o grupo a ficar atento quando alguém estiver falando. Evite conversas paralelas ou atitudes de desatenção. Solicite àqueles que desejarem fazer alguma colocação que peçam a palavra levantando a mão. O coordenador, de acordo com a ordem dos pedidos, vai dando a palavra a cada um.

- *Oração final e despedida:* prepare um momento de oração para encerrar a reunião.

Encontros para confraternização: é muito importante, da mesma forma, reservar um tempo para as confraternizações e festas. A confraternização é um momento de oração e formação. Faça dessas horas de lazer e descontração, também, momentos de exercitar a acolhida.

Participação em eventos: outra coisa que ajuda muito no processo formativo dos agentes da Pastoral da Acolhida é a participação em eventos oferecidos pela paróquia, região, diocese ou mesmo em âmbito nacional. Mesmo que não seja algo voltado, exclusivamente, para a Pastoral, o agente que participa de um evento eclesial, seja de qualquer área, está interagindo com a Igreja e aprendendo mais sobre seu campo de ação. Quem coordena a Pastoral da Acolhida deve ter essa sintonia e repassar as informações para os demais. Para tanto, é muito importante que a coordenação tome parte das reuniões do CPP e que esteja atenta a tudo que chega ao expediente paroquial sobre eventos promovidos na sua paróquia e além dela (diocese, Igreja do Brasil/CNBB, Celam, Igreja de um modo geral). Não é em quaisquer eventos que há a possibilidade da participação de todos, mas é bom que em todos, ou na maior parte deles, sempre tenha alguém da Pastoral da Acolhida, representando-a. Essa pessoa tem a incumbência de, posteriormente, repassar as informações para o resto do grupo.

O perfil ideal do coordenador da Pastoral da Acolhida

Acessível: é preciso ser uma pessoa que todos possam encontrar a qualquer momento e ser ouvidos por ela. A primeira característica de quem vai coordenar uma Pastoral que lida, diretamente, com a acolhida, é ser acolhedor.

Disponível: servir é fator fundamental para o bom andamento da equipe.

Interessado: atende e está disposto a ajudar a comunidade.

Humilde: qualidade que faz a diferença, como o fermento na massa, como o sal no alimento e como a seiva na planta, isto é, apesar de saber da sua importância, não quer aparecer.

Paciente: virtude que pode ser adquirida com esforço e dedicação. Nem tudo é calmo ou agradável na missão de acolher. Exige que a pessoa que está à frente seja paciente e tolerante em muitas situações e acontecimentos. Se tiver um temperamento nervoso e brigar por qualquer coisa, não está apto a coordenar, a não ser que se empenhe em mudar seu comportamento.

Entusiasmado: encanta as pessoas, anima o trabalho do grupo e faz as coisas caminharem da melhor maneira possível, com resultados satisfatórios.

Positivo: acredita que tudo vai dar certo, evidencia as coisas boas e não dá importância ou visibilidade às coisas negativas e desagradáveis.

Autêntico: não representa papéis. Sabe ser ele mesmo, sem máscaras. Diz sempre as coisas em que acredita, porém de forma tranquila e serena, sem magoar ninguém.

Incentivador: leva o grupo a agir contagiado pelo seu incentivo prático. Sempre indica os campos de ação e pistas para que as pessoas possam trabalhar com segurança. Elogia as ações dos demais, mesmo que sejam pequenos gestos.

Ter espírito de liderança: líder é quem organiza, coordena e encaminha os trabalhos; não é aquele que faz tudo sozinho, mas que sabe distribuir trabalhos e assessora com eficiência toda a ação.

Responsável: a responsabilidade é uma qualidade que não pode faltar no coordenador da Pastoral da Acolhida, o qual deve ser o primeiro que chega à reunião e o último que sai. Cumpre, em tempo hábil, o compromisso assumido. Dá satisfação aos demais dos acontecimentos que envolvem a vida e a ação da Pastoral.

Pessoa de fé: tem frequência assídua às missas dominicais; tem compromisso com as atividades da comunidade e com os irmãos.

Perseverante: o coordenador não desanima diante das críticas, da falta de motivação de alguns e dos obstáculos. É alguém que consegue vislumbrar, à distância, metas que motivam sua ação e a ação do grupo.

Parece difícil reunir todas essas qualidades numa única pessoa, mas não é. Tudo depende do empenho, do esforço em melhorar cada vez mais. Para isso, é preciso abrir-se a avaliações, críticas, e saber aproveitar de tudo para crescer. O coordenador da Pastoral não precisa ser perfeito, porém, deve buscar sempre a perfeição.

3. Métodos de avaliação da ação dos agentes da Pastoral da Acolhida

O que é avaliar? Por que avaliar? Qual a melhor forma de avaliar? Quando avaliar? E, sobretudo, como avaliar?

Avaliar significa, entre outras coisas, ter ideia de como está caminhando a Pastoral da Acolhida. Como estão agindo aqueles que nela atuam. É momento de colocar na balança os "prós" e os "contras" das atividades desenvolvidas e ver o que está "pesando" mais. Se as coisas boas sobressaírem, procure preservá-las e fazer com que continuem se avolumando. Se as coisas negativas ganharem destaque em relação às positivas, tente tomar medidas para corrigi-las. Avaliar é, portanto, conjecturar sobre a ação dos agentes e os resultados obtidos por eles, determinando a qualidade, a extensão ou a intensidade desse trabalho pastoral e traçando metas que possam melhorar ainda mais.

Nem todo mundo gosta de avaliar ou ser avaliado. Dá sempre aquela impressão de julgamento; porém, não é esse o propósito de avaliar. Numa paróquia, toda atividade que se preze deveria ser avaliada. Se isso acontecesse, iria se evitar a repetição de muitos erros. Avaliar faz parte do processo de crescimento; portanto, na hora de fazê-lo, procure ser sempre otimista, vendo as coisas pelo lado positivo, sem negligenciar as falhas e tropeços. Na avaliação, comece com a pergunta: "O que foi bom e o que poderia ter sido melhor?". Faça um elenco, apontando os acontecimentos sob esses dois pontos de vista. Em seguida, busque elucidar as causas e consequências de ambos e o que fazer para continuar com as coisas boas e melhorar aquelas que carecem de ajuste.

Pode-se perguntar: "Quando se deve avaliar as ações dos agentes da Pastoral da Acolhida?". É importante avaliar constantemente, pelo menos uma vez ao mês. Porém, há ocasiões que pedem uma avaliação extraordinária, mais minuciosa, como, por exemplo, após a atuação dos agentes num evento de maior visibilidade na paróquia, como as assembleias paroquiais e diocesanas, as missas solenes e as grandes festividades. A avaliação da atuação nas missas dominicais deve ser feita nas reuniões mensais. Colocaremos, a seguir, alguns questionamentos que podem ajudar no processo de avaliação:

- Todos estão tendo responsabilidade no cumprimento dos seus deveres, como, por exemplo, no comparecimento quando se é escalado para uma função?
- Está havendo pontualidade por parte de todos?
- Está havendo organização e preparo para as tarefas?
- Todos estão tendo disponibilidade em servir?
- Está havendo entusiasmo, alegria, simpatia na acolhida?

E também questionamentos para traçar novas metas e obter melhorias:

- Qual o tipo de Pastoral da Acolhida queremos na comunidade?

- O que podemos fazer para melhorar o que foi apontado como falha?
- O que fazer para aumentar o número de participantes na Pastoral?
- O que está faltando para que a Pastoral da Acolhida seja mais dinâmica?
- Onde podemos investir mais ou dar mais atenção?

Seria muito importante se nos encontros de avaliação da Pastoral da Acolhida houvesse um tempo para que cada um se auto-avaliasse. Poderiam ser colocadas algumas questões que motivassem a avaliação pessoal e, em seguida, concedido um tempo para que cada um pudesse se questionar:

- Tenho tratado a todos com igual carinho e respeito?
- Tenho me expressado com calma em todas as situações?
- Tenho dado atenção a todos?
- Ao acolher, olho nos olhos das pessoas?
- Converso com todos ou somente com alguns?
- Tenho acolhido a todos com um sorriso?

Se desejar, após esse tempo individual, poderia ser feita breve partilha, de dois a dois, seguida de um plenário. Ao usar esse tipo de dinâmica, a avaliação fica mais aprofundada e os resultados são melhores.

Não obstante tudo o que foi descrito, é importante ter método para avaliar. Sem uma metodologia adequada, a avaliação pode não ter o resultado esperado, ou seja, talvez não traga contribuições para o grupo e a Pastoral. Desse modo, dedicaremos, agora, uma breve reflexão sobre métodos e, em seguida, apontaremos alguns deles, que poderão ajudar na hora da avaliação das ações da Pastoral da Acolhida e de seus agentes.

Método é um procedimento, uma técnica ou meio de se fazer alguma coisa. No nosso caso, os métodos estão a serviço da avaliação da ação dos agentes da Pastoral da Acolhida, de acordo com um plano predeterminado. Todo método busca ser um processo organizado, lógico e sistemático, geralmente empregado em pesquisa, instrução, investigação, apresentações; neste caso, como já dissemos, nas avaliações procura-se averiguar o modo de agir, os recursos e os meios que são aplicados durante a ação dos agentes dessa Pastoral.

Método "ver, julgar e agir"

Ver: significa mapear a realidade da Pastoral da Acolhida. Num primeiro momento, é preciso que o grupo retome toda a vivência e convivências dos agentes dessa Pastoral, pontuando o que foi feito até aquele momento. Não é hora de avaliar, é apenas para levantamento de ações realizadas. Alguém poderá ir anotando esses pontos levantados, colocando-os num quadro ou em papelógrafos.

Julgar: analisar, a partir de uma fundamentação bíblico-teológica, tudo o que foi elencado. Não é para fazer julgamento de pessoas ou situações, mas para determinar o que foi bom e o que poderia ter sido melhor. É o coração da reunião. Todos devem opinar, dar sugestões, sempre com o cuidado de não avançar para o passo seguinte antes da hora.

Agir: é hora de colocar no papel, para a prática, todas as discussões dos dois primeiros passos; que emerjam do grupo sugestões bem concretas para a ação dos agentes da Pastoral da Acolhida.

Método participativo

Tem como objetivo envolver todos os participantes na hora de avaliar uma situação. Esse método segue o seguinte esquema:

Objetivo: só poder ser levado em conta dentro de um processo do qual resultem decisões para o futuro da Pastoral da Acolhida. Seu objetivo é mobilizar os ânimos dos agentes na atuação cotidiana, despertando neles o compromisso com a paróquia. Nas avaliações em que esse método é aplicado, o coordenador da Pastoral, ou quem faz as vezes dele, tem importantes funções, dentre elas:

- focar o tema a ser avaliado, evitando possíveis desvios;
- tornar as questões que estão sendo avaliadas num objeto de todos, isto é, que todos tenham plena clareza daquilo que se está avaliando;
- fazer com que a discussão que se desenvolve em torno da questão avaliada seja compreendida e partilhada por todos;
- objetivar as discussões, evitando tanto que estas se tornem prolixas como digressões acerca do tema;
- coordenar o ritmo de desenvolvimento da avaliação e das suas discussões;
- animar o grupo quando este se tornar pouco dinâmico;
- fazer os devidos arremates nas discussões de cada tema avaliado.

Regras do método participativo:

- respeitar as funções do coordenador;
- garantir a participação de todos;
- evitar a dispersão do diálogo entre os participantes;
- levantar a mão quando desejar intervir;

- aguardar a vez de falar;
- prestar atenção quando outro estiver falando.

Para aplicar esse método é importante que todos tenham claro o que será feito. Nesse caso, indicar, primeiramente, o tema da reunião. Por exemplo: "Avaliação da Pastoral da Acolhida". Depois, construir alguns indicadores que favoreçam a aplicação do método, como, por exemplo:

- distribuir folhas de papel para todos os participantes;
- pedir para cada um escrever apenas uma ideia ou questão que gostaria de ver avaliada;
- recolher os papéis e fazer a leitura de cada um;
- perguntar se a ideia escrita é clara para todos. Se não for, pedir a quem fez a proposta, que a elucide;
- verificar se há sequência, interrupção ou repetição dos assuntos propostos;
- pedir sempre um *feedback* do grupo depois da digressão sobre o tema proposto;
- após a avaliação e compreensão de todos, afixar o papel com o tema avaliado em um mural;
- retomar os resultados, pontuando com um marcador as questões mais importantes.

A vantagem de rever as ações dos agentes da Pastoral da Acolhida, através deste método, é que favorece a participação de todos no processo de avaliação, fazendo com que ocorra de modo natural e descontraído. Assim, o desempenho operacional da equipe é avaliado por ela mesma. Esse autogerenciamento de seus agentes faz com que a Pastoral fomente na paróquia um sistema de atuação que alinha diversas formas de acolher.

Método de medição de fortalecimento da Pastoral da Acolhida

É importante que a comunidade, principalmente os agentes que atuam na Pastoral da Acolhida, faça parte do processo de medição da força de atração ou de conquista que a Pastoral está tendo na comunidade e avalie-a a partir desse ponto de vista. Quando a paróquia implanta uma Pastoral como essa, ela tem como objetivo primordial acolher bem as pessoas. Com o *método de avaliação da medição da força*, ou da capacidade de acolher da Pastoral, é possível saber se as metas estão sendo atingidas e, se não estiver, traçar novas estratégias que deem melhores resultados. Esse método é aplicado com a participação da comunidade e não apenas entre os membros da Pastoral da Acolhida. Assim sendo, a melhor ocasião para usá-los é nas reuniões do CPP ou nas assembleias paroquiais.

A comunidade por si (*numa reunião não apenas com os agentes da Pastoral da Acolhida*) deve ser a principal fonte de avaliação da força que tal Pastoral está demonstrando. Assim, ela própria, na opinião dos seus representantes, vai dizer se a Pastoral da Acolhida continua a ser importante na paróquia e se há percepção do seu fortalecimento e do aumento da frequência na igreja depois que foi implantada.

Os coordenadores que acompanham as Pastorais e Movimentos da paróquia poderão avaliar as atividades da Pastoral da Acolhida de acordo com essas mesmas Pastorais e Movimentos e também verificar o apoio e a força que estão dando para tal Pastoral, a fim de que ela encontre aí um fecundo campo de ação. Essa forma de avaliação coloca toda a comunidade como responsável pela Pastoral da Acolhida. Desse modo, as decisões acerca dela poderão ser tomadas nas reuniões do CPP, e isso é útil também para a monitoração do incremento da sua força na comunidade. O acompanhamento dessa Pastoral pode ser feito tanto por seus próprios agentes como pelos mesmos coordenadores de outras Pastorais e Movimentos, mais familiarizados com ela e com a comunidade.

III. Realizar

Significa fazer com que a acolhida tenha existência concreta na paróquia e não fique apenas na teoria. Os interessados em implantar a Pastoral da Acolhida na sua comunidade, ou os que desejarem fazer parte dela, possam transformar em realidade as propostas, com os meios a seguir apontados, caso sejam pertinentes à realidade da sua comunidade. Vamos traduzir a Pastoral da Acolhida em propostas e sugestões concretas, através de três tópicos ou itens básicos em qualquer ação: *como*, *onde* e *quando* atuar na Pastoral da Acolhida?

1. Como atuar na Pastoral da Acolhida

O Documento n. 71 da Conferência Nacional dos Bispos do Brasil (CNBB) sobre as *Diretrizes Gerais da Ação Evangelizadora da Igreja no Brasil*, que contemplam os anos de

2003 a 2006, afirma: "Toda pessoa que procura a Igreja deve ser acolhida com simpatia. Particular atenção deve ser dada aos jovens e adultos que pedem o Batismo, para o qual devem ser preparados segundo as indicações do Rito próprio" (cf. CNBB, Doc. 71, n. 34, p. 27).

Segundo essa recomendação, os membros da Pastoral da Acolhida devem ser pessoas simpáticas, que cativem aqueles que se aproximam da comunidade. Sabemos que não são poucos os jovens e adultos que ainda não receberam os sacramentos. Deve haver, da parte de todos, inclusive do pároco, empenho para que eles sejam adequadamente preparados. Evitar o excesso de burocracia e a falta de atenção é fundamental nesses casos. Em situações como essa, acolher bem é não querer padronizar normas, já que ninguém é padronizado. O próprio Documento supracitado afirma que "não devemos impor a todos, de forma indiscriminada, idênticas exigências, quando na realidade as pessoas são diversas e os graus de proximidade com a vida eclesial são muito diferentes" (CNBB, Doc. 71, n. 35, p. 28).

É preciso ter abertura para acolher, dialogar e analisar cada situação, levando em conta suas particularidades. O Documento lembra ainda que: "Mesmo se o diálogo levar à conclusão de que a pessoa não tem condições de ser admitida ao sacramento, ela deve sair do encontro sentindo que foi acolhida e escutada e que poderá voltar, quando mais disposta a assumir os compromissos da fé cristã" (CNBB, Doc. 71, n. 35, p. 28).

Essa advertência não é apenas para quem atua, diretamente, na Pastoral da Acolhida, mas para todos, principalmente para quem atua na Pastoral do Batismo. Um dos grandes desafios encontrados por esses agentes de Pastoral é saber acolher aqueles que desejam ser padrinhos, mas que estão em situação irregular perante a Igreja, como, por exemplo, os que vivem uma segunda união. Como dizer a essas pessoas que elas não poderão ser padrinhos da criança, cujos pais deram como afilhada? Dependendo do modo como essas coisas são ditas, tais pessoas poderão não compreender e se afastar, definitivamente, da Igreja.

No que tange às demais Pastorais, Movimentos ou novos grupos ou novas comunidades que se unem em torno de um carisma ou espiritualidade, o Documento n. 71 destaca a importância de acolher com afeto, demonstrando calor humano na recepção dos novos membros. Assim diz o texto:

> Entre as novas experiências comunitárias – fundadas em afeto e afinidades emocionais – estão também as experiências de novas comunidades e movimentos religiosos, unidos ao redor de uma causa, de um carisma, de um líder e, sobretudo, de uma acolhida

> recíproca, cheia de calor humano, que atrai e une os membros do grupo (cf. CNBB, Doc. 71, n. 52, p. 37).

Assim, sentimentos como afeto e calor humano devem ser uma constante em todo ato de acolher.

Outras atitudes devem fazer parte da acolhida na paróquia, como, por exemplo, a atenção a todos, a disponibilidade em ajudar a solucionar um problema, a demonstração de segurança e apoio àqueles que buscam informações ou ajuda. Vejamos o que diz o Documento n. 71 da CNBB a esse respeito:

> *Orientação e acolhida*: qualquer pessoa que procure a comunidade eclesial deve ser recebida por alguém que a *escute e ajude a encontrar uma solução* para sua necessidade (um conselho, uma orientação para encontrar assistência religiosa ou psicológica ou médica ou jurídica ou mesmo material...) e alguma forma de apoio, seja na comunidade eclesial, seja em outras instituições (cf. CNBB, Doc. 71, n. 85a, p. 54).

Mais adiante, quando fala dos objetivos da evangelização, o Documento n. 71 destaca a importância da acolhida como meio de evangelização e diz que é preciso acolher àqueles católicos apenas de nome, isto é, que não costumam frequentar assiduamente as missas ou que não descobriram o valor dos sacramentos. Se houver uma acolhida adequada, esses católicos poderão superar a dimensão religiosa meramente cultural de suas vidas e ser atuantes. Assim exorta o Documento:

> O objetivo da evangelização é levar a uma fé vivida, a uma adesão pessoal a Cristo, superando uma adesão meramente cultural ao catolicismo. Para isso, deve-se dar atenção e acolhida especial às pessoas que, embora não guardem o preceito da missa dominical ou raramente se aproximam dos sacramentos, continuam professando a fé católica, aceitando a substância da doutrina de Cristo e da Igreja e esforçando-se para praticar a caridade fraterna e a ética cristã (cf. CNBB, Doc. 71, n. 95, p. 60).

Vemos, assim, o poder que a acolhida tem na vida das pessoas, e isso deve ser levado em conta nas dioceses, paróquias e comunidades. Isso porque, segundo o mesmo Documento, "as pessoas não buscam em primeiro lugar as doutrinas, mas o *encontro pessoal, o relacionamento solidário e fraterno, a acolhida*" (n. 99, p. 62). Sem acolhida não é possível ensinar nem viver as doutrinas da Igreja.

O número 72 dessa mesma coleção de Documentos lembra que acolher, no sentido bíblico, não se resume apenas num momento, mas em algo que deve ser duradouro, constante. Recorda que: "As pessoas precisam ser acompanhadas nas mais diversas fases da vida, num clima de solidariedade fraterna, de companheirismo, com um relacionamento que seja o próprio retrato da atenção que Jesus dava às pessoas e do amor com que Deus vê cada um dos seus filhos e filhas" (cf. CNBB, Doc. 72, n. 2.2, p. 17). Isso não é tão simples como, às vezes, pode parecer. Desponta-se, aqui, um grande desafio para a Pastoral da Acolhida. Como acolher dessa maneira? Como fazer de um simples gesto de recepção uma acolhida nos moldes daquela que Jesus propõe? Esse mesmo Documento aponta algumas pistas de ação que valem a pena ser retomadas no processo formativo da Pastoral.

Além de tais pistas, recomenda: "É preciso cultivar um ambiente onde a fé, a esperança e a caridade atraiam as pessoas, pela coerência de atitude e pela ternura que faz de cada discípulo um sinal do amor de Deus" (n. 2.3). Deve emanar tanto da paróquia como das suas comunidades, Pastorais e Movimentos esse espírito acolhedor e atraente. Ninguém gosta de permanecer num ambiente não atrativo. Cada membro da Pastoral da Acolhida deve se esforçar para "contagiar" os membros das demais Pastorais e Movimentos, para que promovam esse ambiente de fé, esperança e caridade do qual fala o Documento n. 72.

O Documento n. 87 da CNBB, com as *Diretrizes Gerais da Ação Evangelizadora da Igreja no Brasil*, para os anos

2008-2010, retoma, de certa forma, as orientações sobre a acolhida que estão nos documentos anteriores, destacando a importância de se acolher bem os jovens, porque eles são hoje os que estão mais vulneráveis a situações como a pobreza, as alienações, as drogas, o prazer desmedido e as diversas formas de violência decorrentes disso tudo. Lembra, ainda, que: "*Os adolescentes* e os *jovens*, dada a situação em que se encontram, na sociedade de hoje, merecem melhor acolhida e sincero amor nas comunidades eclesiais e maior espaço para a ação" (cf. CNBB, Doc. 87, n. 122, p. 98; grifo original). Desse modo, acolher os jovens e adolescentes significa propiciar a eles, na comunidade, um espaço para que possam atuar. Que tal convidá-los para atuar na Pastoral da Acolhida? Eles são muito criativos e podem dar uma importante contribuição nessa Pastoral e na paróquia como um todo.

É importante lembrar que o Documento n. 87 não destaca apenas os jovens como alvo primordial da Pastoral da Acolhida, mas também os sofredores. A esses pede ajuda das demais Pastorais e Movimentos, sobretudo das Pastorais Sociais. O texto lembra o surgimento de "novos sofredores". Cabe, cada paróquia e comunidade, descobrir quais são os "novos sofredores" da sua realidade e acolhê-los de maneira fraterna e amorosa, buscando solucionar seus problemas. Afirma: "A Igreja, em todos os seus grupos, movimentos e associações, animados pela Pastoral Social, deve dar acolhida e acompanhar essas pessoas excluídas nas esferas respectivas" (n. 143). Em seguida, mostra que acolher não é somente recepcionar, mas apontar caminhos, soluções, entrar na vida daquele que é acolhido e transformá-la. "É preciso assumir atitudes, não apenas em nível de anúncio do imprescindível valor da vida, mas também através de práticas que ajudem a vida a florescer e se manter" (n. 143).

Além dos jovens e dos sofredores, o Documento destaca, ainda, a acolhida numa dimensão mais ampla, a dimensão fora dos muros do templo. "A acolhida aos que chegam à cidade e aos que já vivem nela, com fortalecimento do diálogo e da cooperação entre as Igrejas de origens, trânsito e destino das pessoas em mobilidade, com vista a lhes dar atenção humanitária e pastoral" (n. 200i). Ampliando os horizontes da Pastoral da Acolhida, o Documento lembra a necessidade de a Igreja "incentivar a atenção às pessoas necessitadas de proteção internacional e apoiar a ação da Pastoral da Acolhida e integração de refugiados em nosso país" (n. 2008g). Coloca-se, assim, um estreito laço e proximidade entre a Pastoral da Acolhida e a Pastoral dos Migrantes e Imigrantes, do povo da rua, dos viajantes e até mesmo da Pastoral Rodoviária.

Como uma espécie de "mandamentos" da Pastoral da Acolhida, vamos, a seguir, elencar, resumidamente, de que modo esses três documentos analisados indicam como um bom agente da Pastoral da Acolhida deve atuar:

- com alegria;
- sem complicar as coisas mais do que já o são. Ao contrário, procurar simplificá-las da melhor maneira possível;
- conversar, dialogar com a pessoa acolhida, demonstrando disponibilidade;
- ser afetuoso, mostrar calor humano e afinidade emocional;
- dar atenção àquele que está sendo acolhido;
- ser prestativo, ajudando a solucionar seu problema;
- demonstrar firmeza, segurança para que o outro se sinta seguro;
- ter sempre atitude ecumênica, sem menosprezar ou diminuir o outro porque pertence a outra denominação religiosa, Movimento ou Pastoral distinta da sua, ou é de outra comunidade ou paróquia;
- ter coerência nas atitudes;
- dar demonstração de fé.

Além destas recomendações que se encontram diluídas nos documentos supracitados, a seguir apontaremos outras, de como atuar na Pastoral da Acolhida. As instruções a seguir valem para a acolhida feita na recepção das missas. Vejamos algumas e vamos nos esforçar para colocá-las em prática, porque todas são regras básicas do bom acolhedor:

- *Pessoas íntimas*: se você tiver intimidade com a pessoa que está sendo acolhida, como, por exemplo, amigos, parentes, pessoas mais próximas de você etc., estenda-lhe a mão sorrindo com simpatia, chame-a pelo nome e, se for costume no local, pode até cumprimentá-la com um beijo.
- *Pessoas pouco íntimas*: evite cumprimentar com beijo, pois isso pode inibi-las e, em vez de elas se sentirem acolhidas, sentir-se-ão constrangidas.
- *Pessoas tímidas*: a recomendação anterior vale também em relação às pessoas tímidas. Trate-as com cortesia, com certa formalidade e bastante naturalidade, evitando atitudes que possam provocar desconforto. Você vai descobrir se a pessoa é tímida ou não com o tempo. Enquanto isso, procure tratá-la sem muita intimidade.

Algumas atitudes que se devem evitar na hora de atuar na acolhida da missa:

- querer aparecer; a acolhida é um exercício pastoral muito delicado e qualquer excesso de descontração pode dar a impressão de que quem está acolhendo quer aparecer;
- atitudes como as de acenar escandalosamente para as pessoas que estão distantes;
- gargalhar, falar muito alto, dar batidas nas costas;
- no caso das mulheres, usar roupas extravagantes, maquiagem ou acessórios exagerados;
- no caso dos homens, vestir camisa de time de futebol, de partidos políticos, com propaganda de produtos ou com frases cômicas, obscenas ou de duplo sentido;
- usar roupas inadequadas, como, por exemplo, as muito justas ou muito curtas, com decotes, ou, no caso dos homens, a camisa aberta ou mesmo bermudas;
- mascar chiclete durante a recepção;
- usar óculos escuros, porque, além de ser inadequado para o ambiente (exceto se for uma missa campal, com muito sol, mesmo assim, evite-se), é extremamente deselegante recepcionar as pessoas não permitindo que elas vejam seus olhos;
- utilizar gírias ou palavreado inadequado para um ambiente de missa;
- atrasar-se.

Algumas atitudes recomendadas na hora de atuar na acolhida da missa:

- se tiver que falar algo, faça-o corretamente e, se possível, chame as pessoas sempre de senhor e senhora, exceto se elas forem íntimas e pedir que as trate de outra forma;
- não discriminar as pessoas e acolher a todos com atenção, carinho, diferenciando apenas naquilo que foi recomendado anteriormente;
- ser discreto em tudo (no acolher, no vestir, no agir diante da porta de entrada, na forma como segura os folhetos ou outro material, se houver etc.);
- ser pontual;
- estar atento às necessidades das pessoas durante a missa (crianças, idosos, doentes, andarilhos que adentram o recinto etc.);
- se possível, conduzir a pessoa até o banco, encontrando um bom lugar para ela, principalmente se chegou com atraso;
- tentar identificar os visitantes ou as pessoas que estão de passagem. Obter informações sobre elas, como nome, de onde vêm etc., e, se permitirem, informar a coordenação da celebração ou o animador para que seja feita uma acolhida mais afetuosa a elas, por toda a comunidade;

- na despedida, procurar estar a postos na porta de saída para despedir-se dos participantes.

Estas são algumas recomendações que podem favorecer a boa atuação dos agentes na Pastoral da Acolhida. A comunidade poderá descobrir outras. Essas descobertas podem ser anotadas e organizadas num caderno ou apostila e servirão, mais tarde, na hora de promover um encontro de formação dessa Pastoral. Outra sugestão interessante é pedir que os agentes anotem os casos excepcionais, inusitados que ocorrem durante a acolhida ou durante a missa e registrá-los nesse mesmo caderno. Partilhá-las durante a formação e, em grupo, buscar apontar qual a atitude mais correta diante de cada caso. Isso ajudará as pessoas a agir, corretamente, diante de determinadas situações que não são frequentes na comunidade.

2. Onde atuar na Pastoral da Acolhida. Seu campo de ação

Toda paróquia é um campo onde os agentes dessa Pastoral podem atuar. Em todos os lugares e em toda parte, "onde dois ou três estiverem reunidos" (Mt 18,20), ali deve existir acolhida. Primeiramente, é Deus quem nos acolhe, e nós, de acordo com nossa atitude de fé e comprometimento, acolhemos o outro; assim, demonstramos que também acolhemos Deus. Então, nós acolhemos porque Deus nos acolhe primeiro. Numa paráfrase ao texto de 1 João 4,19-20, vamos substituir o verbo *amar* pelo verbo *acolher*: "Se alguém disser: 'Acolho a Deus', mas não acolhe o seu irmão, é mentiroso; pois quem não acolhe o seu irmão, a quem vê, não poderá acolher a Deus, a quem não vê". E, numa outra comparação, vemos que, ao abrir a porta do coração para acolher nosso próximo, Deus também entra e celebra conosco (cf. Ap 3,20), fazendo morada em nós, e passamos a ser portadores de Deus e da sua mensagem. Uma das formas de demonstrar que acolhemos a Deus, de fato, é acolher os irmãos, e esse acolhimento deve ser uma constante em nossa vida e não apenas quando estamos na igreja.

Embora o campo de ação da Pastoral da Acolhida seja amplo, é importante apontar os locais mais comuns, mais visíveis, que estão diretamente ligados ao espaço da paróquia. Desse modo, podemos melhor contribuir para dar forma a essa modalidade de Pastoral tão necessária a nossas comunidades eclesiais.

Nas celebrações: o primeiro e mais visível campo de ação da Pastoral da Acolhida são os momentos que a comunidade se reúne para celebrar. Entendemos por celebrações as missas, celebração da Palavra ou dos sacramentos ou sacramentais.

Festas e confraternizações: como acontece quando oferecemos uma festa em nossa casa, em que a acolhida do anfitrião faz toda diferença no bom êxito da reunião e na satisfação dos convidados, a mesma coisa ocorre na comunidade paroquial.

Encontros de formação: congressos, seminários, palestras, reuniões de estudos etc., deve haver a atuação da Pastoral da Acolhida. Os participantes vão se sentir mais à vontade se forem recebidos por uma equipe predisposta para essa função e o evento terá mais êxito com isso.

Reuniões e assembleias: a equipe deve atuar não apenas na recepção, mas em todo transcorrer do evento, estando atentas às necessidades dos participantes. Isso vale também para todos os demais campos de ação.

No expediente paroquial: talvez os membros dessa Pastoral não atuem, diretamente, no atendimento das pessoas, como fazem as secretárias e os secretários da paróquia, contudo, podem estar atentos na qualidade do atendimento e ajudar a melhorar.

Nos serviços oferecidos pela paróquia: é tarefa da Pastoral da Acolhida estar atenta aos serviços oferecidos pela paróquia, inclusive no campo da comunicação. Embora seja esta uma área da Pastoral da Comunicação e da equipe administrativa, não custa à Pastoral da Acolhida prestar atenção e dar uma força, se estiverem ocorrendo falhas nas divulgações e serviços prestados pela paróquia, como, por exemplo: estão em ordem e bem dispostos os murais de informação da igreja? Os avisos durante as missas estão sendo dados com clareza e objetividade, de modo que todos possam entender? A secretaria paroquial está sendo um ambiente acolhedor, bem arrumado, limpo, com um atendimento adequado aos que chegam? Os horários de missas, de outras celebrações e acontecimentos da paróquia estão sendo bem divulgados? As pessoas estão acolhendo bem essas informações? Enfim, a Pastoral da Acolhida deve estar atenta a todos esses e muitos outros serviços e informações da paróquia, e, se forem constatadas falhas, procurar, juntamente com os devidos responsáveis, melhorar, para poder acolher melhor.

Nas Pastorais e Movimentos: é também campo de ação da Pastoral da Acolhida as outras Pastorais e Movimentos da paróquia. É preciso que membros da Pastoral da Acolhida estejam "infiltrados" nas outras atividades paroquiais. Se não houver quem faça uma boa acolhida nas demais Pastorais e Movimentos, muitos não vão perseverar dentro deles. Não basta que alguém, de boa vontade, acolha quem chega. É essencial que seja quem tenha uma identidade com o espírito da Pastoral da Acolhida. Isso porque acolher não é apenas fazer uma recepção momentânea a uma pessoa, mas dar-lhe assistência constante, estar atento a suas necessidades, até que ela se sinta bem à vontade, a ponto de acolher outras.

Nas diversas etapas da catequese: embora a catequese faça parte das Pastorais da paróquia, destacamo-la, separadamente, como campo de ação da Pastoral da Acolhida, porque achamos fundamental que haja uma boa recepção às crianças, aos adolescentes e jovens que buscam a catequese infantil, eucarística, perseverança, infância missionária, crisma, adultos. A boa acolhida começa desde o momento da inscrição para uma dessas etapas e perdura no dia-a-dia, em todo seu processo de formação. Assim sendo, é muito importante que pelo menos alguns catequistas participem da Pastoral da Acolhida e sejam multiplicadores do bom acolhimento para os demais. Além disso, a Pastoral da Acolhida deve estar atenta em como anda o acolhimento na catequese, tanto dos catequizandos quanto de suas famílias.

Nos Conselhos da comunidade paroquial: Conselhos como o CPP e o CAEP (Conselho de Assuntos Econômicos da Paróquia) devem ser alvo da atenção da Pastoral da Acolhida. Como? Observando suas ações e cobrando um acolhimento adequado caso haja indícios de despreparo ou falta de atenção na prática desses Conselhos. Quando os membros responsáveis por esses dois Conselhos, considerados elementares na vida de uma paróquia, não se preocupam em acolher bem os que procuram seus serviços, a paróquia perde qualidade na sua imagem de instituição religiosa, com princípios evangélicos, que prima pela acolhida.

Na atuação do pároco ou de quem faz as vezes dele: dentro desses dois Conselhos está inclusa a atuação do pároco ou de quem faz as vezes dele; porém, vale destacar separadamente a sua prática, porque a acolhida por parte do pároco (ou de quem faz as vezes dele) é fundamental para a vida da comunidade paroquial. Quando um padre não acolhe bem os seus fiéis, toda a paróquia sofre as consequências desse ato. Nesse caso, cabe à Pastoral da Acolhida estar atenta. Se forem detectados problemas nesse campo, ela deve convocar uma reunião e, fraternalmente, expor o que está ocorrendo e pedir mudanças de comportamento. Se o problema não for solucionado, deve-se tomar outras medidas, como, por exemplo, enviar uma reclamação, oficial, ao Conselho de Presbítero da região, ou da diocese, ou mesmo ao bispo ou responsável pelo padre. Enfim, o incorreto é perceber que um erro grave está ocorrendo e não tomar nenhuma medida para solucioná-lo.

No bairro: não é só a igreja ou os espaços mais diretamente ligados à paróquia que se configuram campo de ação da Pastoral da Acolhida. Ela será mais eficaz se seus membros ampliarem sua atuação, como, por exemplo, acolhendo os novos moradores que chegam à rua, ao bairro e mesmo à cidade, caso seja uma cidade pequena, do interior.

Nas diversas campanhas da Igreja: os agentes da Pastoral da Acolhida podem também atuar em campanhas como, por exemplo, a Campanha da Fraternidade, Campanhas Missionárias, Campanha para a Evangelização, Campanhas Emergenciais etc. Em cada uma delas é possível se organizar e encontrar uma forma de colaborar com aquilo que é peculiar à Pastoral da Acolhida. Sempre que houver algum tipo de campanha na sua paróquia, reúna a Pastoral e discuta as formas de trabalhar nela.

A atuação em todos esses campos, e em outros aqui não contemplados, deve ser feita com muita cautela, evitando, assim, possíveis disputas e rivalidades entre os membros da Pastoral da Acolhida e os responsáveis por essas áreas e serviços. Se ocorrer algum tipo de desentendimento, a Pastoral da Acolhida perde sua eficácia e os resultados podem ser opostos ao esperado. Em vez de acolhida, poderão ocorrer contendas e, consequentemente, o afastamento das pessoas. Portanto, ao atuar nesses campos, evite o jogo de poder e demonstre, através de um bom diálogo e do compromisso, que o objetivo é somar e não ocupar o espaço de outros. Para que aconteça essa relação harmônica entre os membros da Pastoral da Acolhida e os que atuam nas demais Pastorais, Movimentos e serviços da comunidade, é preciso que haja uma preparação adequada dos agentes.

3. Quando a Pastoral da Acolhida deve atuar

A Pastoral da Acolhida deve estar permeada com todas as outras Pastorais e com a vida paroquial como um todo, principalmente nos eventos realizados. Além disso, tem de estar presente na vida social que circunda a área de jurisdição da paróquia, como os bairros e a cidade.

Nas missas dominicais, festas e solenidades: antes de qualquer celebração litúrgica na comunidade é quando deve entrar em ação as atividades da Pastoral da Acolhida. O principal momento é antes do início da celebração. A equipe deve chegar com bastante antecedência e se colocar a serviço, recebendo os que chegam à porta da igreja. As pessoas devem se distribuir de acordo com a quantidade de portas que tiver o templo, ficando sempre dois em cada porta. Quando houver festa ou solenidade, procurar fazer uma acolhida diferenciada daquelas realizadas nas demais celebrações; porém, em todas, a acolhida deve ser bem afetuosa. Se a equipe for numerosa, acrescente uma terceira ou quarta pessoa em cada porta. Essas pessoas devem ficar responsáveis de levar até o banco aqueles que têm maior dificuldade, como, por exemplo, idosos, doentes, pessoas com deficiência ou com crianças no colo, ou os que chegam atrasados, quando os lugares já estão, aparentemente, todos ocupados. Quem estiver encarregado dessa função, gentil e discretamente, conduz os retardatários aos lugares livres. Há sempre lugares no meio dos bancos, ou à frente, que ficam desocupados durante a celebração. Quem chega atrasado, acaba ficando em pé, no fundo, por não visualizar esses lugares, ou mesmo por constrangimento. Essa delicadeza da parte da equipe de acolhida é muito importante, porque vai fazer com que a pessoa que chegou atrasada se sinta acolhida. A equipe deve ficar atenta também no decorrer da celebração. Pode ser que haja necessidade de algum atendimento de emergência, como, por exemplo, de alguém que esteja passando mal ou que necessite de algo durante a celebração. Quem deve atender a essas ocorrências são os membros da Pastoral da Acolhida. É comum em muitos lugares, durante a celebração, a entrada de pedintes, bêbados ou pessoas com problemas mentais, que passam a incomodar os participantes, ou ainda se dirigem ao presbitério e querem a atenção do padre num momento em que não pode atendê-los. Manter-se alerta a esses casos é tarefa da Pastoral da Acolhida. Quando isso ocorrer, procurar, com delicadeza e tato, impedir que atrapalhem a celebração ou que importunem os participantes. É bom que a equipe esteja preparada para atender a essas situações. A acolhida começa antes da celebração e só termina depois que todos se retiram; portanto, os agentes dessa Pastoral são os primeiros que chegam e os últimos que saem. Ao término da celebração, ficar a postos nas portas, como no início, e despedir-se com carinho dos participantes. Quando todos se forem, auxiliar quem estiver responsável por deixar o espaço organizado, até mesmo no fechamento das portas, se for o caso. Ver na sua comunidade a melhor forma de colaborar.

Quando houver festividades na paróquia: nos momentos de festa da comunidade é quando a Pastoral da Acolhida também deve se fazer presente, atuando na sua função. Ver, antes, com a equipe de festas, quando e como a equipe da acolhida deve atuar. É bom que haja sempre essa sintonia. Na maioria das vezes, a acolhida é feita como a que citamos anteriormente, porém, com algumas diferenciações. Neste caso, o ambiente é mais descontraído, e a acolhida, por sua vez, deve ser também mais descontraída. A entrada para o local da festa é sempre a mais indicada para receber as pessoas, mas poderá haver outros lugares. Verificar e atuar também nesses lugares. Para melhor acolher, adaptar a acolhida de acordo com o tipo da festa. São muitas as modalidades de festas que acontecem numa paróquia, como, por exemplo, quermesses, festas juninas, jantares, baile de casais, confraternizações, chás beneficentes, almoços beneficentes, gincanas, leilões, festa das nações etc. Se os membros da equipe estiverem vestidos a caráter, a acolhida fica mais descontraída e alegre, e as pessoas vão se sentir mais à vontade. Durante a festa, os membros da Pastoral da Acolhida devem estar atentos às necessidades dos participantes. Procurar auxiliá-los quando necessitarem de algo, como indicação de banheiros, primeiros socorros, lugares disponíveis para se sentarem, informações etc. Há sempre muita coisa a fazer durante uma festa, que cabe a quem está responsável pela acolhida e pelo bem-estar. Como no item anterior, aqui também os membros da Pastoral da Acolhida são os primeiros que devem chegar e os últimos a sair.

Por ocasiões das celebrações fúnebres: mesmo que haja na paróquia a Pastoral da Esperança, é muito importante a presença dos membros da Pastoral da Acolhida nas celebrações fúnebres da comunidade, como, por exemplo, nos velórios, nas cerimônias de exéquias e missas do sétimo dia. Nesses casos, a Pastoral da Acolhida deve atuar em sintonia com a família e com a Pastoral responsável. Acolher bem nesse momento é muito importante para todos, principalmente para a família, que nem sempre tem condições de providenciar tais coisas. Faz parte da acolhida, no caso de falecimentos, consultar os familiares sobre o ritual de exéquias. Se desejarem que ocorra tal ritual, contatar o sacerdote ou ministro para presidir a celebração. Providenciar o material necessário. Durante o ritual, pedir que as pessoas se aproximem. Orientá-las para que assinem o livro que fica na entrada da sala onde o corpo do falecido está sendo velado. Colocar-se à disposição da família, caso necessitem de alguma ajuda. Fazer algumas orações junto ao féretro, se não houver ninguém responsável por isso. Acompanhar o féretro até o local de sepultamento, sempre se postando ao lado das pessoas mais próximas do falecido. Consultar a família sobre data, local e hora da missa do sétimo dia e avisar as pessoas presentes, convidando-as. Na missa do sétimo dia, fazer a acolhida no recinto da celebração. Ajudar a equipe de liturgia a preparar algo para a família durante a missa, como, por exemplo, homenagens, distribuição das leituras para os membros da família etc. Tudo isso deve ser feito com a permissão e em sintonia com a família enlutada e de acordo com as orientações da paróquia. É importante também se pôr à disposição para ajudar na distribuição das lembranças, se houver. Posteriormente ao ocorrido, há outros encaminhamentos que podem ser feitos pela Pastoral da Acolhida, como, por exemplo, orientação de algum membro da família que precise de consulta psicológica ou de encontros com a Pastoral do Luto (se houver), ou, ainda, para orientações espirituais com o sacerdote, caso haja necessidade. Para detectar tal necessidade, é preciso que os agentes da Pastoral da Acolhida estejam bem atentos. Além disso, a visita à família enlutada, oferecendo apoio, é algo muito importante. Fazer isso junto com a Pastoral da Esperança, se houver. Se na sua paróquia não existir a Pastoral da Esperança ou pessoas que façam esse trabalho, é dever da Pastoral da Acolhida prestar esse serviço aos membros da comunidade. Mesmo que haja grupos responsáveis para esse tipo de trabalho, é sempre bom que alguém da Pastoral da Acolhida esteja junto.

Sempre que houver encontros e reuniões: os encontros e reuniões que acontecem na paróquia são ocasiões de atuação da Pastoral da Acolhida. Nesses casos, a acolhida começa bem antes de o evento acontecer e se estende até o local do encontro ou da reunião. São diversos os tipos de encontros e reuniões que acontecem na paróquia. Dependendo do tamanho da mesma e da quantidade de atividades, isso pode ser algo cotidiano. Porém, há encontros e reuniões que são maiores, esporádicos, como, por exemplo, as assembleias, os encontros de formação pastoral etc. Nesses é fundamental a atuação dos agentes da acolhida. Se a equipe da Pastoral da Acolhida da sua paróquia tiver um bom número de pessoas, poderá haver membros em todas as reuniões e encontros das outras Pastorais e Movimentos.

Como orientamos anteriormente, a Pastoral da Acolhida é aquela Pastoral que vem somar forças com as demais e não dividir ou ocupar o lugar de outros. Isso deve ficar bem claro na comunidade para que ninguém se sinta invadido no seu espaço de atuação. Para isso, recomendamos que seja feito um trabalho de conscientização na paróquia, junto a todas as Pastorais e Movimentos, para que recebam positivamente os trabalhos da Pastoral da Acolhida junto a seu grupo. Essa poderá ser uma iniciativa da própria Pastoral da Acolhida. Quanto aos encontros e reuniões, junto com a Pastoral da Comunicação (se houver), a Pastoral da Acolhida deve se encarregar da divulgação do evento, como, por exemplo, o envio de convites, a colocação de faixas e cartazes, a confirmação antecipada dos participantes etc. No dia do evento, deve-se estar na porta acolhendo e atuar junto com a equipe de bem-estar.

Quando o expediente paroquial carecer de ajuda: o expediente paroquial é o local oficial de atendimento, recepção e acolhida da paróquia. Nele trabalham pessoas, comumente, pagas para prestar esse serviço. Tais pessoas, sem sombra de dúvidas, devem primar pelo bom atendimento, porém, nem sempre é isso que acontece. É comum encontrar casos de despreparo dos atendentes e até de atitudes grosseiras. Os agentes da Pastoral da Acolhida devem ficar atentos à qualidade da recepção dada no expediente paroquial e, se perceber que há reclamações, manifestação de descontentamento por parte dos recepcionados ou outros indícios de que o atendimento não está sendo adequado, conversar com o pároco e a equipe de administração e propor colaborar na melhoria da situação. Juntos, têm de chegar a um consenso quanto à possibilidade de transformar o expediente paroquial num espaço de verdadeira acolhida. Valem todas as medidas, inclusive a demissão de quem não está prestando bem seus serviços de atendente. Os membros da Pastoral da Acolhida devem agir como supervisores desse espaço e reivindicar mudanças quando forem necessárias.

Quando chegam novos moradores na comunidade (na rua, no bairro ou na cidade): essa recomendação serve para todas as realidades, porém, funciona melhor nas pequenas cidades do interior, nas paróquias de bairros e em locais onde as pessoas se conhecem. Fica mais difícil acolher novos moradores nos grandes centros urbanos, porém, também dá para se fazer algo se houver empenho da equipe da Pastoral, desde que se fique sabendo. Em pequenas comunidades, logo se espalha a notícia de que existe uma nova família ou novo morador no local. Nesse caso, devem entrar em ação os membros da Pastoral da Acolhida. Com muita delicadeza e tato, procurar, antecipadamente, obter informações e agendar uma hora para visitá-la. O objetivo dessa visita é propiciar um elo entre a família recém-chegada e a comunidade paroquial. Ao visitá-la, verificar se há crianças em idade de catequese; se alguém da família realizava algum tipo de trabalho pastoral na comunidade de onde veio; se os chefes da família (pai e mãe ou quem faz as vezes deles) têm todos os sacramentos. Aproveitar essa visita para levar os horários de missa na paróquia ou comunidade, bem como os horários de atendimento do expediente paroquial e do padre. Tudo isso favorecerá a aproximação dessa família com a comunidade paroquial. Se for oportuno, dar informações concretas de como funciona o sistema de dízimo da paróquia, colocar-se à disposição para ajudar a inseri-la na comunidade e perguntar se gostaria da visita do padre para abençoar a casa ou alguém da família; enfim, mostrar atenção, carinho e desejo de que participe da comunidade. Sugerir a possibilidade de fazer uma celebração de acolhida em sua casa. Se a família permitir, será uma boa ocasião de estreitar os laços entre os recém-chegados e a comunidade.

Quando alguém da comunidade fica enfermo: mesmo sendo esta uma área da Pastoral da Saúde, é importante a presença da Pastoral da Acolhida na vida do enfermo e de sua família. É possível fazer um belo trabalho em conjunto quando há sintonia entre essas duas Pastorais. Faça uma visita ao doente e vejam quais são suas necessidades espirituais: se ele deseja a presença do padre (unção, confissão, comunhão etc.); dos membros da Pastoral da Saúde; dos Ministros Extraordinários da Sagrada Comunhão (caso ele queira comungar); de algum tipo de medicamento ou atendimento médico etc. Enfim, detectar as necessidades e proceder aos devidos encaminhamentos às áreas e pessoas responsáveis. Colocar-se à disposição para celebrar com o enfermo, sugerindo um momento de oração. Há belas orações que trazem conforto espiritual e roteiros de celebração da Palavra que ajudam a manter o vínculo com a comunidade eclesial. Quando for visitar uma pessoa doente, levar sempre uma oração para rezar junto com ela.

Por ocasião das inscrições para a catequese: essa é também uma excelente ocasião de atuação da Pastoral da Acolhida. A coordenação dessa Pastoral deve combinar com a coordenação da catequese e colocar seus agentes à disposição para ajudar na recepção dos catequizandos e de suas famílias. Para isso é preciso que os coordenadores das diferentes etapas da catequese marquem local, dia e horário para as inscrições.

Nos cursos de noivos: na maioria das paróquias, boa parte dos noivos só procura a igreja por ocasião do casamento, e é muito importante que sejam bem acolhidos. Dessa forma, o curso preparatório para o casamento, mais conhecido como "curso de noivos", é uma ocasião de suma importância para a atuação da Pastoral da Acolhida. A sua coordenação deve entrar em entendimento com a Pastoral responsável pelo encontro com os noivos e preparar algo em conjunto. Nesse caso, a soma de forças também dá bons resultados. A boa acolhida é o primeiro e mais importante passo para a inserção desses casais na comunidade.

Em visitas às instituições: além das situações e ocasiões já estabelecidas na comunidade, a Pastoral da Acolhida deve promover, criar momentos e locais para atuar. Uma dessas promoções é organizar visitas a instituições como creches, asilos, hospitais, casas de recuperação, orfanatos e internatos, presídios e lugares onde haja carência de acolhimento fraterno, gratuito, por amor. Apresentar-se nessas instituições como agentes da Pastoral da Acolhida da paróquia, com a devida identificação e credencial oferecida pelo pároco, e se colocar à disposição para escutar os atendidos por essas instituições. É um trabalho sem grandes pretensões, porém, com resultados indescritíveis na vida daqueles que são ouvidos pelos agentes da acolhida. Nessas visitas são detectadas suas necessidades, e estas deverão ser encaminhas a quem possa resolvê-las.

Eventos públicos promovidos pela paróquia ou com o apoio desta: entenda-se por eventos públicos as romarias; as manifestações ou shows com o objetivo de evangelização; os atos ecumênicos em locais neutros ou na própria igreja; as celebrações campais, nos cemitérios (por ocasião do Dia de Finados), em ginásio de esportes; eventos temáticos, como os de 1º de maio, com trabalhadores; por ocasião da Festa de São Cristóvão, com motoristas; os de 7 de setembro, como o "grito dos excluídos"; os de 20 de novembro, da "consciência negra"; as festividades públicas no período do Natal, como as apresentações de corais e outras atividades onde haja aglomeração de pessoas etc. Todas essas situações e eventos são momentos em que pode haver a atuação dos agentes da Pastoral da Acolhida. Para cada caso deve acontecer uma preparação específica, cabendo aos membros dessa Pastoral definir como atuar em cada uma delas.

IV. Celebrar

Celebrar é, na verdade, uma forma solene, festiva, de expressar tudo o que foi e está sendo realizado na comunidade pela Pastoral da Acolhida. É uma maneira alegre de dizer, com exaltação, algo sobre o trabalho que está sendo feito e de divulgá-los ainda mais, cativando a comunidade que, enquanto acolhe, é também acolhida. A celebração expressa a reciprocidade da comunidade e do grupo entre si; por essa razão, celebrar é comemorar, louvar, enaltecer, e isso só é possível se houver motivações, coisas concretas que foram postas em prática; enfim, trata-se de uma forma de honrar com festa as conquistas.

1. Celebrar a ação da Pastoral da Acolhida

A Celebração Eucarística é o ápice da vida da Igreja e, como tal, é momento de *Ação de Graças* por tudo o que nela acontece. Assim sendo, é o instante sublime de celebrar os trabalhos e as conquistas da Pastoral da Acolhida na comunidade. Durante a missa, ao mesmo tempo em que estão atuando, isto é, acolhendo, os agentes estão celebrando, dando graças por tudo o que têm realizado e estão realizando. Não obstante esse supremo e perene modo de celebrar, há ocasiões em que a missa pode ser voltada, especificamente, para a Pastoral da Acolhida. É uma forma de valorizar ainda mais essa Pastoral na comunidade. Então, vamos apresentar, a seguir, algumas dicas para organizar uma missa em ação de graças pela Pastoral da Acolhida ou uma missa preparada por ela.

A data: escolha uma circunstância oportuna que tenha algo a ver com a Pastoral da Acolhida, como, por exemplo, um acontecimento, um tema específico das leituras próprias daquela missa, especialmente em se tratando da missa dominical, em que se justifique evidenciar essa Pastoral.

Preparação prévia: escolha os ritos que poderão ser relacionados com a Pastoral. A equipe de liturgia deverá participar dessa reunião de preparação e ajudar nas sugestões.

Durante a missa: procure organizar as coisas de modo que não fique teatral nem desorganizado. Alguns ritos da missa podem ser aproveitados para envolver membros da Pastoral da Acolhida:

- *A acolhida*: por se tratar da missa da Pastoral da Acolhida, não poderia faltar uma boa recepção. Prepare algumas pessoas dentre os seus agentes para receber os que chegam. Use camisetas com o símbolo da Pastoral ou com alguns dizeres que a identifique, como, por exemplo: "Pastoral da Acolhida – Paróquia São José", ou de acordo com o nome da sua paróquia ou comunidade, ou ainda com alguma frase bíblica que lembre a acolhida, por exemplo: "Acolhei-vos uns aos outros, como Cristo vos acolheu" (Rm 15,7), ou outra que a Pastoral preferir. Se for conveniente, distribua algum símbolo que poderá ser usado em alguma hora da celebração.
- *Procissão de entrada*: na frente da equipe de celebração (leitores, Ministros Extraordinários da Sagrada Comunhão, acólitos ou coroinhas e o presidente da celebração), entram, devidamente identificados (com a camiseta da Pastoral) os agentes da Pastoral da Acolhida. Para uma melhor organização, deixar alguns bancos reservados para eles. A cruz processional pode ser trazida pelo coordenador da Pastoral, se este não estiver fazendo a vez do animador da celebração.
- *Liturgia da Palavra*: nesse dia pode ser preparada uma solene entronização do Livro das Leituras (Bí-

blia ou Lecionário). Com um canto adequado para esse momento, alguns membros da Pastoral da Acolhida trazem o Livro, ladeado por tochas ou velas. Seria significativo se a equipe desenvolvesse uma coreografia para essa entrada solene, representando a *acolhida* da Palavra feita pela comunidade. Ao chegar diante do altar, o Livro é recebido pelo presidente da celebração que, solenemente, o beija e apresenta-o para a assembleia. Em seguida, quem trouxe o Livro coloca-o na mesa da Palavra e proclama a primeira leitura de modo pausado e tranquilo, para que todos assimilem o seu conteúdo.

- *Salmo responsorial*: cantado da mesa da Palavra, por um membro da Pastoral da Acolhida. A assembleia responde com o refrão.
- *Segunda leitura*: pode ser feita por um casal da Pastoral da Acolhida, devidamente preparado. Enquanto um faz a leitura, o outro segura uma vela ou tocha, simbolizando a luz irradiada pela Palavra.
- *Aclamação ao Evangelho*: um grupo da Pastoral da Acolhida (de preferência alguns jovens, se houver) faz uma dança ritual ao redor da mesa da Palavra. Durante a proclamação, seus participantes permanecem em silêncio ao lado de quem proclama, numa atitude

de escuta. Quem faz a proclamação, ao seu término, beija o Livro e apresenta-o para a assembleia.

- *Homilia*: destacar os valores e a importância da Pastoral da Acolhida na comunidade. Pode haver o depoimento ou testemunho de algum membro dessa Pastoral.
- *Preces*: algumas diretamente relacionadas com a Pastoral da Acolhida e seus agentes. Dois membros dessa Pastoral podem fazer as preces, alternando a vez na hora de declarar os pedidos.
- *Procissão das oferendas*: junto com o pão e o vinho podem ser ofertados alguns símbolos, de acordo com os trabalhos que estão sendo realizados na paróquia.
- *Abraço da Paz*: esse gesto expressa, com bastante evidência, a acolhida que fazemos uns dos outros. Nesse dia, seria bom preparar algo mais afetuoso, como, por exemplo, um abraço, acompanhado de alguma frase que verbalize acolhimento.
- *Pós-comunhão*: apresentar alguma breve encenação que demonstre o valor da acolhida. Chamar todos os membros da Pastoral à frente e prestar-lhes uma bela homenagem.
- *Bênção final*: com um afetuoso gesto de acolhida e despedida, e aproveitando a presença do grupo à

frente, pedir que seus membros estendam a mão direita em direção à assembleia e, junto com o presidente da celebração, abençoem a todos. Outra opção é deixar um grupo na saída e, à medida que os participantes vão se retirando, fazer a despedida traçando o sinal-da-cruz, com óleo perfumado, na fronte de cada um.

- *Cantos*: levar em conta o tempo litúrgico e a palavra celebrada. Há muitos cantos litúrgicos que falam de acolhida e que se adaptam aos diversos momentos da celebração. Verificar esse dado com a equipe de liturgia.

2. As confraternizações da Pastoral da Acolhida: momentos de celebração

Abordaremos as comemorações com o intuito de diversão e confraternização entre os membros da Pastoral, ou destes com toda a comunidade.

Confraternizar significa unir, congregar fraternalmente, e não há nada mais saudável para a vida de um grupo que esses instantes de fortalecimento do bem-estar e da união entre seus membros. Nenhum trabalho pastoral poderá dar muitos frutos ou ser resistente, se não houver momentos de lazer, descontração e confraternização.

Quando a Pastoral encontra tempo para confraternizar, é sinal de que está havendo harmonia e consenso, porque confraternizar é também comungar com os pontos de vista, com as convicções ou com o estado de espírito que reinam no grupo. Se a Pastoral não encontra tempo para isso, é indício de que as coisas não estão indo bem. A confraternização é oportunidade de demonstrações concretas de camaradagem, familiaridade ou amizade, em que se festeja a alegria de um trabalho feito em conjunto, com prazer.

Por ocasião do Natal e Ano-Novo: no Natal, poderá ser feito o tradicional "amigo secreto", ou um almoço ou jantar na casa de alguém da Pastoral, ou mesmo nas dependências da paróquia. O mais importante é haver colaboração de todos na organização, a fim de que o evento não se torne pesado para ninguém. Para que isso ocorra, é preciso que alguém tome a iniciativa de organizar e distribuir os trabalhos e adquirir os materiais necessários. Sempre que se planejar um evento desse tipo, primar pelo bem-estar e a harmonia entre todos.

Viagens: programar uma viagem com o grupo, mesmo que não haja possibilidade de todos participarem.

Troca de experiências: outra oportunidade de confraternização e, ao mesmo tempo, de formação e informação entre grupos de Pastoral da Acolhida de diferentes paróquias.

Pode ser preparado um momento de oração, de exposição dos trabalhos feitos nas comunidades e, para encerrar, uma confraternização. Se for oportuno, o grupo da Pastoral anfitriã poderá levar os visitantes para conhecer algum lugar turístico da cidade ou mostrar algo interessante que acontece na própria paróquia.

Por ocasiões de aniversários: é a demonstração do quanto os agentes são importantes para a Pastoral e para a paróquia. Se não for possível realizar um encontro com todos e em todos os aniversários, que seja escolhida uma data no mês ou no semestre para confraternização. A Pastoral poderia preparar algo por ocasião do aniversário do coordenador, do pároco ou do padre ou da religiosa que acompanha a Pastoral na paróquia. Não se preocupar em dar presentes, mas, sobretudo, em manifestar carinho.

Acontecimentos especiais: o grupo deve estar atento para os acontecimentos que não são comuns, não são cotidianos na vida da Pastoral, dos seus membros, da paróquia ou de alguém da comunidade. Por exemplo, o nascimento de uma criança, filha de alguém do grupo, a comemoração de Bodas de algum casal da Pastoral, ou outro fato que o grupo queira celebrar. Esses atos ajudam a reforçar a unidade da Pastoral e fazer dela um verdadeiro instrumento de acolhimento.

Festas juninas: o mês de junho traz três ótimas oportunidades de a Pastoral da Acolhida confraternizar. Escolher a ocasião mais propícia (Santo Antônio, São João ou São Pedro) e organizar algo que leve o grupo a festejar. A festa poderia ser na casa de alguém da Pastoral ou, se possível, num sítio ou fazenda. Se for difícil a locomoção de todos, arranjar um ônibus para conduzir o grupo até o local. Planejar uma festa com quadrilhas, danças e comidas típicas. Nada muito dispendioso, apenas para celebrar com festa a presença e a união do grupo.

Rever registros de festas: registrar todos os momentos de confraternização (e também algumas horas especiais de trabalho, se possível) com fotos, filmagens etc., e depois, quando for oportuno, preparar um lanche simples e reunir o grupo para revê-las. A ocasião vai se tornar, assim, uma outra oportunidade de confraternização.

3. Os retiros espirituais como momento de celebração e fortalecimento da Pastoral da Acolhida

Os retiros são importantes para o processo de assimilação dos conteúdos por seus membros, contribuindo para o melhor aproveitamento do grupo.

Para que seja, de fato, um retiro espiritual, há alguns elementos e critérios, como, por exemplo:

Tema: deve estar voltado à espiritualidade do grupo.

Assessor: que possa arguir com desenvoltura sobre o tema e ajudar o grupo a rezar e a fazer a experiência do encontro com Deus a partir dessa temática.

Local com infra-estrutura: que seja, preferencialmente, fora dos locais de atuação cotidiana, como, por exemplo, a paróquia. O local precisa ter ambiente propício para a oração, como, por exemplo, capela, área verde, sala de reflexão em grupo, locais silenciosos para reflexão individual.

Materiais: a Bíblia é a ferramenta fundamental de um retiro. É na reflexão de textos bíblicos, orientados pelo assessor e meditados de forma profunda, que a pessoa poderá, de fato, fazer o retiro. Levar caneta ou lápis e papel para anotações.

Predisposição: de nada adianta participar de um retiro muito bem organizado, se a pessoa não tiver predisposição, o que significa, entre outras coisas, interesse; preparação espiritual prévia; abertura; disposição para rezar em silêncio e em grupo; boa vontade para partilhar, quando necessário; determinação de colaborar, de fazer sua parte para que o retiro caminhe bem etc.

Silêncio: mais importante que as palestras é o uso que se faz delas depois, nos momentos de silêncio e solidão, de reflexão e de oração pessoal. Nessas horas é que tudo o que foi dito terá tempo de calar no coração; assim, o retiro vai, verdadeiramente, se realizando. Por isso, é inconcebível um retiro sem esses momentos, os quais devem tomar a maior parte do tempo. Retiro com muito falatório, muita cantoria e muita poluição sonora não pode ser considerado retiro.

O tema do retiro tem de ser algo que responda àquilo que o grupo busca. Há muitos assuntos que, em determinadas épocas, entram na "moda". Eles podem até ajudar, se for algo pertinente à Pastoral ou aos anseios dos participantes; porém, jamais descarte os temas clássicos, como os bíblicos, que nunca ficam superados. Estes já estão comprovados que, de fato, ajudam na reabilitação espiritual dos retirantes. Dentre esses temas, destacamos aqueles vinculados às orações da Igreja, como, por exemplo, o Pai-Nosso, a Ave-Maria e mesmo o Creio, que, embora não seja literalmente bíblico, trata da fé na Igreja, campo de ação da Pastoral da Acolhida. Além dessas, há tantas outras orações que podem ser temas de retiros. Vale começar pelas mais conhecidas.

Existem, também, os retiros pautados em determinadas passagens bíblicas, que não são, especificamente, orações, como “Os discípulos de Emaús”, “As bem-aventuranças” ou “Sermão da Montanha”, “A oração de Jesus no Horto”, e outras que podem ser tema para um retiro da Pastoral da Acolhida, principalmente aquelas passagens ou textos que falem, especificamente, da acolhida que Jesus faz ao próximo e à comunidade. Escolha a que mais fale à realidade de sua Pastoral e a celebre vivamente no retiro.

Ao preparar o retiro, procure calcular o tempo. De acordo com o tempo será a divisão das suas partes.

Considerações finais

Para concluir os apontamentos deste guia da Pastoral da Acolhida, vamos destacar como o tema do *acolhimento* foi tratado nos documentos finais das Conferências Gerais do Episcopado Latino-Americano e do Caribe (Celam). Embora nenhuma dessas Conferências tenha tratado diretamente de uma Pastoral da Acolhida, todas mencionaram o acolhimento como elemento fundamental dentro de qualquer Pastoral. Foi com base nesse aspecto que insistimos na presença dos membros da Pastoral da Acolhida inseridos em outras Pastorais, Movimentos e Associações. A paróquia que tem uma Pastoral da Acolhida bem organizada pode dispor de pessoas para atuar em outros campos de ação, fazendo destes objeto da própria Pastoral da Acolhida.

Documento de Medellín – Colômbia (1968): Essa Conferência se deu num tempo de grandes transformações na

Igreja desde continente; um tempo de transição. Acolheu temas que até então não eram tratados com tanta ênfase. Suas reflexões tinham como meta orientar para a busca de uma presença mais intensa e renovada da Igreja na atual transformação da América Latina, sobre três grandes setores: *a promoção humana* (os valores da justiça, da paz, da educação e do amor conjugal); *os povos deste continente e suas elites* (a evangelização e a educação na fé de uma maneira adaptada à realidade em constante transformação) e *os membros da Igreja* (a unidade e uma ação pastoral através de estruturas visíveis). Era, portanto, um olhar que partia do geral para o particular, num lógico e dialético processo de acolhimento de pessoas e situações, detectando onde estavam os maiores desafios deste tempo. Foi, justamente, no âmbito das recomendações pastorais que esta II Conferência destacou a importância da acolhida na Igreja: o acolhimento dos membros das Pastorais entre si e com os demais, e, principalmente, o acolhimento dos jovens. Afirma: "A Igreja, adotando uma atitude francamente acolhedora para com a juventude, saberá distinguir os aspectos positivos e negativos que ela apresenta na atualidade" (Medellín, cap. 5.III.13, p. 103). Vemos que, em todos esses setores, o acolhimento é algo primordial.

Documento de Puebla – México (1979): A Conferência de Puebla deu continuidade às posições tomadas na Conferência anterior (Medellín), no que concerne ao acolhimento solidário dos pobres e dos jovens. Consolidou aqui o método "ver, julgar e agir", como um sistema que contempla a participação de todos, e isso significa uma forma eficaz de acolhimento. Dom Luciano Mendes de Almeida recorda que "Puebla trouxe para nós um método, um método que em muitos lugares se ia aplicando, mas que em Puebla recebeu uma especial chancela".[1] Uma metodologia que, definitivamente, possibilitava acolher os rostos sofridos deste continente (os indígenas, os afro-americanos, os camponeses, os operários, as crianças e os jovens etc.) e fazer algo de concreto por eles. No que respeita aos jovens, o Documento dessa Conferência afirma: "Providencie-se um acolhimento e atenção aos jovens que, por diversos motivos, devem emigrar, temporária ou definitivamente, e que são vítimas da solidão, da falta de ambientação, da marginalização etc." (Puebla, n. 1191, p. 338).

---

1 Cf. ALMEIDA, Luciano Mendes de. A Igreja Católica hoje; na América tropical. Seminário de Tropicologia: *Trópico e cultura*, 1983, Recife. Anais... Fund. Massangana, Recife, 1989. pp. 87-101. Disponível em: <http://www.tropicologia.org.br/CONFERENCIA/1983igrejacatolica_hoje.html>. Acesso em: 28/06/2008.

Documento de Santo Domingo – República Dominicana (1992): Os resultados registrados no Documento final desta IV Conferência mostram que ela distanciou-se um pouco das Conferências anteriores e da estrutura do próprio Documento de Trabalho, previamente organizado como subsídio de estudo que visava sua preparação. Uma das grandes diferenças é a não-utilização do método "ver, julgar e agir", usados, até então, nas duas últimas Conferências. Porém, manteve o compromisso de continuar, com empenho e novo ardor, a promoção integral da pessoa humana e, sobretudo, a inculturação do Evangelho nas culturas dos povos latino-americanos, sendo este um dos novos elementos desta IV Conferência. Ao primar pela inculturação do Evangelho, o Documento dá amostra da necessidade do acolhimento integral desses povos. Destaca que a Igreja precisa "Renovar sua capacidade de acolhida e seu dinamismo missionário com os fiéis afastados e multiplicar a presença física da paróquia mediante a criação de capelas e pequenas comunidades" (Santo Domingo, n. 60, p. 83). Assim sendo, uma das pistas de ação deste Documento, para melhor atender e acolher as pessoas, é a criação de uma rede de comunidades, descentralizadas da paróquia. Os jovens também foram alvo da atenção da Conferência de Santo Domingo.

Documento de Aparecida - Brasil (2007): O Documento de Aparecida retomou o método "ver, julgar e agir" das Conferências de Medellín e Puebla, acentuando a dimensão de discípulos e missionários de todos os batizados, através do compromisso com a vida que deve nascer do comprometimento com a Igreja de Jesus Cristo. Os bispos reunidos em Aparecida procuraram estimular a ação evangelizadora da Igreja, através do resgate da sua dimensão formadora desses discípulos e missionários de Cristo, que somos todos nós, batizados. O papa Bento XVI, na sua *Audiência Geral* de abertura da V Conferência, afirma que a grande tarefa é "proteger e alimentar a fé do povo de Deus e recordar também aos fiéis deste continente que, em virtude de seu batismo, são chamados a ser discípulos e missionários de Jesus Cristo".[2] Discípulos e missionários são todos aqueles que acolhem a Palavra de Deus e a põem em prática, acolhendo o seu próximo, principalmente os que mais sofrem (cf. DA, n. 65). Como as demais Conferências, dá destaque para o acolhimento dos jovens (cf. DA, n. 194 entre outros).

Enfim, os quatro documentos do Celam, direta ou indiretamente, apontam para a importância da acolhida na Igreja e, sobretudo, nos espaços de nossas paróquias, as

[2] Bento XVI. Audiência Geral, quarta-feira, 23 maio 2007. *Documento de Aparecida*, n. 10, p. 12.

quais o *Documento de Aparecida* (n. 170, p. 86) chamou de "células vivas da Igreja". Para que as nossas paróquias e suas respectivas comunidades sejam, de fato, lugares privilegiados para uma experiência concreta com Cristo e lugar de comunhão, é preciso acolher bem. Não serão casa e escola de comunhão, como afirma o Documento, se não houver investimento na dimensão do acolhimento. Para isso, é necessário que a paróquia passe por um profundo processo de renovação missionária, algo que já vem sendo pedido desde a Conferência de Medellín (1968). Agora é o momento de investir nos agentes de Pastoral, leigos e consagrados, para que sejam autênticos discípulos e missionários de Jesus Cristo; pessoas acolhedoras do seu próximo e das propostas do Reino. Todos os membros da comunidade paroquial são responsáveis pela acolhida, porque o acolhimento está na essência da missão de sermos discípulos e missionários de Jesus Cristo. Assim, "toda paróquia é chamada a ser espaço onde se recebe e acolhe a Palavra" (DA, n. 172, p. 87), colocando-a em prática através do acolhimento de uns para com ou outros. Agindo assim, nossas paróquias vão se tornar cada vez mais missionárias.

Implantar ou reformular a Pastoral da Acolhida é um importante passo para a renovação missionária de nossas paróquias, apelo este evidenciado na V Conferência do Episcopado Latino-Americano, que aconteceu em Aparecida. Investir na Pastoral da Acolhida é uma maneira de formar leigos missionários, os quais levarão as propostas evangelizadoras da Igreja para além dos muros das paróquias. É isso que este livro propõe.

Referências bibliográficas

ALMEIDA, Luciano Mendes de. A Igreja Católica hoje; na América tropical. Seminário de Tropicologia: *Trópico e cultura*, 1983, Recife. Anais... Recife: Fund. Massangana, 1989. pp. 87-101.

ARQUIDIOCESE DE SÃO PAULO. *Dimensão pessoal da acolhida*; subsídio para a capacitação da Pastoral da Acolhida. São Paulo: Região Episcopal Sé, 2003.

BAUMAN, Zygmunt. *Comunidade*; a busca por segurança no mundo atual. Rio de Janeiro: Jorge Zahar Editor, 2003.

BOFF, Leonardo. *Espiritualidade*; um caminho de transformação. Rio de Janeiro: Sextante, 2001a.

______. *Tempo de transcendência*; o ser humano como um projeto infinito. Rio de Janeiro: Sextante, 2001b.

CELAM. *Documento de Aparecida*. Texto conclusivo da V Conferência Geral do Episcopado Latino-Americano e do Caribe. 9. ed. São Paulo: CNBB/Paulus/Paulinas, 2008.

CNBB. *Diretrizes Gerais da Ação Evangelizadora da Igreja no Brasil (2003-2006)*. São Paulo: Paulinas, 2003. (Coleção Documentos da CNBB, n. 71.)

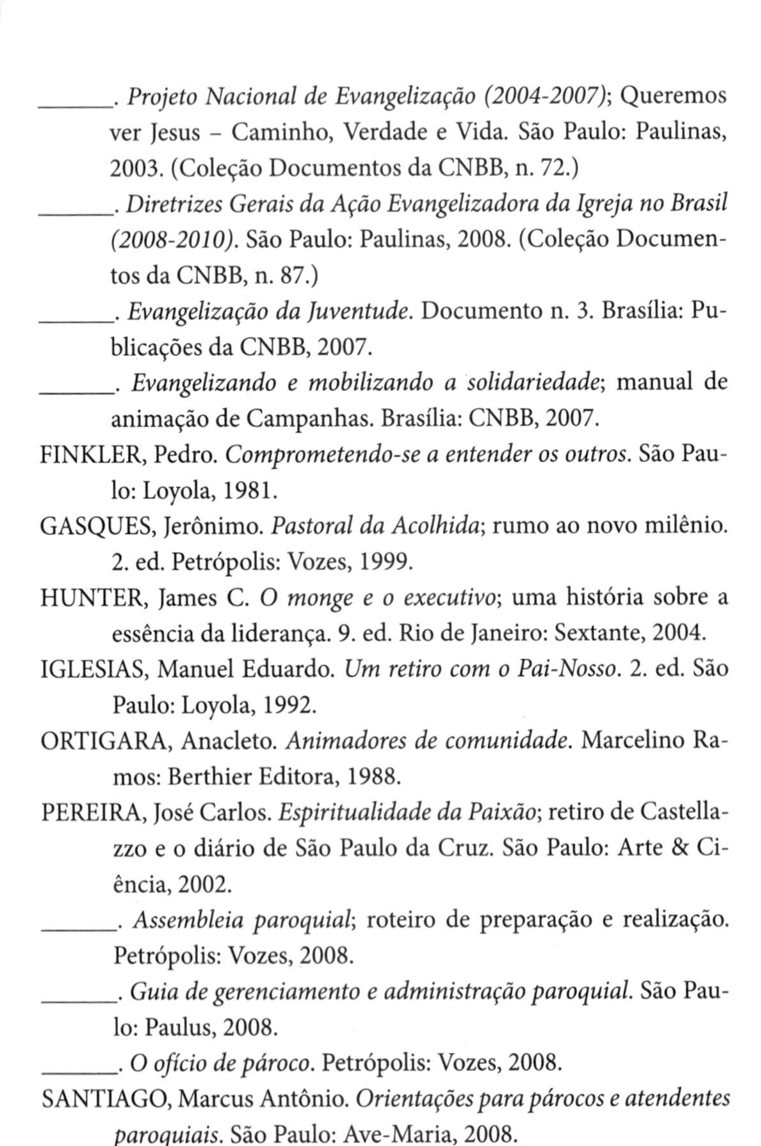

______. *Projeto Nacional de Evangelização (2004-2007)*; Queremos ver Jesus – Caminho, Verdade e Vida. São Paulo: Paulinas, 2003. (Coleção Documentos da CNBB, n. 72.)

______. *Diretrizes Gerais da Ação Evangelizadora da Igreja no Brasil (2008-2010)*. São Paulo: Paulinas, 2008. (Coleção Documentos da CNBB, n. 87.)

______. *Evangelização da Juventude*. Documento n. 3. Brasília: Publicações da CNBB, 2007.

______. *Evangelizando e mobilizando a solidariedade*; manual de animação de Campanhas. Brasília: CNBB, 2007.

FINKLER, Pedro. *Comprometendo-se a entender os outros*. São Paulo: Loyola, 1981.

GASQUES, Jerônimo. *Pastoral da Acolhida*; rumo ao novo milênio. 2. ed. Petrópolis: Vozes, 1999.

HUNTER, James C. *O monge e o executivo*; uma história sobre a essência da liderança. 9. ed. Rio de Janeiro: Sextante, 2004.

IGLESIAS, Manuel Eduardo. *Um retiro com o Pai-Nosso*. 2. ed. São Paulo: Loyola, 1992.

ORTIGARA, Anacleto. *Animadores de comunidade*. Marcelino Ramos: Berthier Editora, 1988.

PEREIRA, José Carlos. *Espiritualidade da Paixão*; retiro de Castellazzo e o diário de São Paulo da Cruz. São Paulo: Arte & Ciência, 2002.

______. *Assembleia paroquial*; roteiro de preparação e realização. Petrópolis: Vozes, 2008.

______. *Guia de gerenciamento e administração paroquial*. São Paulo: Paulus, 2008.

______. *O ofício de pároco*. Petrópolis: Vozes, 2008.

SANTIAGO, Marcus Antônio. *Orientações para párocos e atendentes paroquiais*. São Paulo: Ave-Maria, 2008.

Paulinas

Rua Dona Inácia Uchoa, 62
04110-020 – São Paulo – SP (Brasil)
Tel.: (11) 2125-3500
paulinas.com.br – editora@paulinas.com.br
Telemarketing e SAC: 0800-7010081